회사생활이 편안해지는

의사소통의 기술

辦公室里的溝通談判術

作者：劉必榮

COMMUNICATION

회사생활이
편안해지는
의사소통의
기술

리우삐롱 지음 | 박종연 옮김

이코_북
Eco.BooK

소통하고 협상하면 봄바람이 분다

이 책은 타이베이 '허펑(和風) 담판학원(談判學院)'과 베이징 대학 출판사가 공동으로 기획한 협상 시리즈의 세 번째 출판물로, 직장 내에서의 협상과 소통에 중점을 두었다.

필자는 국내외 협상 강의에서 수강생들로부터 종종 다음과 같은 불만을 듣곤 한다.

"회사 사람들과 소통하는 것이 외부 사람과 소통하는 것보다 훨씬 어렵습니다. 부서 이기주의가 그렇게 심각하다니, 본말이 전도된 것 아닙니까?"

그럴 때면 나는 웃으면서 그들에게 말한다.

"너무 그렇게 불평하지 마세요. 사실은 두 가지 모두 중요합니다."

협상은 대내(對內) 협상과 대외(對外) 협상으로 나눌 수 있으며, 어느 한쪽도 포기할 수 없다.

대내 협상의 상황은 매우 다양하다. 상사와의 소통, 동료와의 소통, 부하직원과의 소통 등 모두가 협상의 테크닉이 필요하다.

한번은 대기업의 부사장이 나에게 찾아와서 고충을 털어놓았다. 자기 회사 기술개발부 직원들은 늘 실험실에서 측정기구나 장비와 함께 생활하다 보니 갈수록 의사소통 능력이 떨어지는 것 같다는 것이다. 회의를 할 때면 상대방은 재료과학 분야의 박사이고, 나는 전기엔지니어 분야 박사인데, 왜 내가 상대방의 말을 들어야 하느냐는 식이다. 서로 양보하지 않아서 심하게 충돌하거나 팔짱을 끼고서는 상대방 의견에 콧방귀를 끼면서 한마디도 하지 않는다고 한다. 그러고는 회의가 끝난 후 부사장에게 와서는 "부사장님, 방금 그들이 낸 아이디어는 전혀 실행 가능성이 없습니다"라고 말한다는 것이다.

부사장이 "그럼 방금 회의에서는 왜 그 이야기를 하지 않았습니까?"라고 물으면 그는 "모두가 박사들 아닙니까? 죄송하지만 부사장님께서 말씀해주시죠"라고 대답한다고 한다.

부사장이 다른 박사에게 가서 말하면 그 역시 펄쩍 뛰면서 상대방에게 허를 찔렸다고 반발하리라는 것은 쉽게 상상할 수 있다. 바로 이런 상황이 기업에서 흔히 일어나고 있다.

또 어떤 사람은 자신이 속한 영업부가 프로젝트를 받아오면, 기술개발부가 협조하지 않거나, 법률 자문팀이 여러 가지 부정적인 의견을 내놓아 분통이 터진다고 불만을 토로하기도 한다.

또 다른 회사의 부사장 이야기는 더욱 실감이 난다. 그는 나에게 이렇게 말했다.

"선생님, 제 밑에 있는 부장들은 각자 자기 부서는 너무 잘 관리하지만, 서로 협조를 하지 않습니다. 비유하자면 그들 개개인은 자전(自轉)은 잘하는데, 나를 중심으로 공전(公轉)하는 법은 잘 모릅니다."

바로 이러한 문제 때문에 소통과 협상 과정을 승진시험의 필수 과목에 포함시키는 기업이 늘어나고 있다. 부서 책임자가 되어서 소통과 협조의 테크닉을 전혀 배우지 않았다면 어떻게 다른 부서와 서로 협조하며 어떻게 사람을 거느릴 수 있겠는가?

특히 글로벌화된 현대사회에서 회사 규모가 갈수록 커지고 해외로까지 진출함에 따라서 다문화의 소통은 기업 내에 필수적인 사항이 되었으니, 직장 내 소통 테크닉을 반드시 배워야 한다. 단순한 의사 소통을 넘어 다른 문화에 대한 각기 다른 대처법을 알아야 한다.

대내 협상이 대외 협상에 비해 더 어려운 것은 협상 당사자들이 동일한 관계에 있기 때문이다. 협상을 할 때 '관계'는 도움이 될 수도 있지만, 장애가 될 수도 있다. 대내 협상이 바로 이와 같다. 동일한 관계에 있기 때문에 대외 협상에서 당신은 열 가지 묘수를 사용할 수 있지만, 대내 협상은 단지 다섯 가지 묘수만 쓰고, 나머지 다섯 수는 쓸 수가 없게 된다. 왜냐하면 상대방에게 너무 잔인한 방법을 쓸 경우 나중에 얼굴을 볼 면목이 안 설 것이기 때문이다. 그래서 관계는 우리가 전술을 사용하는 데 걸림돌이 된다.

뿐만 아니라 대내 협상은 기본적으로 폐쇄형 협상으로, 협상이 끝난 후에도 함께 일을 해야 하기 때문에 반드시 서로 간의 관계를 구축하는 것까지 고려해야 한다. 이것이 대내 협상이나 직장 내 소통이 별개의 과정이 되어야 하는 까닭이기도 하다. 왜냐하면 대내 협상은 가격을 협상하는 것이 아니라, 사람의 문제를 다루는 것이기 때문이다. 사람은 우리가 가장 다루기 어려운 문제다.

어떤 사람은 '협상'이라는 두 글자를 반드시 이야기해야 하는지 묻기도 한다. 그러면 나는 마음대로 이야기해도 상관없다고 대답한다. 협상은 나쁜 의미의 단어가 아니라, 평화롭게 충돌을 해결하는 방식으로, 이론적으로는 '공동의 정책 결정과정(Joint Decision-making Process)'이라고 부른다. 협상을 배운 사람이라면 반드시 만면에 미소를 지어야지, 살기가 느껴져서는 안 된다. 다른 사람은 그가 협상 테이블에 나타나면 당연히 기뻐할 것이다. 왜냐하면 그는 자신이 얼마를 가져가고, 상대방에게 얼마를 나눠주어야 하는지 알기 때문이다. 즉 이긴 사람만 전부 먹는 협상이 아니라 진 사람에게도 조금은 남겨주는 협상이 될 것이기 때문이다.

이것이 내가 협상 과정을 '허평협상(和風協商)'이라고 이름 붙인 이유이기도 하다. 나는 사람들이 협상을 배우고 난 후, 모두에게 따사로운 봄바람이 불어오기를 기대한다. 우리는 순진하게 매일 날씨가 화창하기를 기대할 수는 없지만, 그렇다고 광풍과 폭우를 바라지는 않는다. 그저 모든 충돌이 부드러운 바람이나 보슬비처럼 원만하게 해결되기를 기대한다. 그래서 나는 왕희지(王羲之)의 《난정서(蘭亭序)》중 "오늘은 날씨가 청량하고 바람마저 상쾌한 날입니다〔是日也 天郎氣淸 惠風和暢〕"라는 문장에서 힌트를 얻어 협상 과정의 이름을 지었다. 이것이 바로 조화로운 사회를 만드는 기초가 아니겠는가?

　그럼에도 불구하고 당신은 여전히 직장 내에서는 협의나 소통 정도로 이야기해야지, 협상이라는 단어를 쓰면 너무 딱딱하고 살벌하게 느껴진다고 말할지도 모르겠다. 어떻게 부르건 아무 상관이 없다. 어떤 방식이든지 문제를 해결할 수 있으면 된다. 이 책의 제목에서도 협상과 소통이 함께 사용되고 있지 않은가? 그러나 우리가 반드시 기억해야 할 것은 대외 협상을 하려면 우선 내부 충돌을 해결해야 한다는 점이다. 협상 전이나 협상 후나 내부 충돌이 우리의 대외적인 스퍼트 역량을 약화시켜서는 안 된다.

　그럼 이제 책을 읽을 준비가 되었는가? 찻잔에 물을 붓고, 읽기 시작하자. 여러분이 이 책을 좋아하고, 여러분에게 실질적인 도움을 줄 수 있기를 기대한다.

리우삐롱

협상과 소통은 나눔과 배려다

　2008년 상반기 대한민국의 최대 화두는 '소통'과 '협상'이었다. 미국과의 쇠고기 '협상'으로 촉발된 사회적 갈등은 촛불시위로 이어졌고, 국민들은 그 원인을 협상 책임자들의 '협상력 부재'와 대통령과 국민들 사이의 '소통 부재' 때문이라고 말했다. "막히지 않고 잘 통한다"는 의미의 '소통'은 온 나라를 뒤흔들 정도로 갈등과 충돌을 일으키기도 하지만, 그 갈등과 충돌에서 빠져나와 서로를 이해할 수 있도록 하는 중요한 수단이 되기도 한다. 그러므로 그것은 칼의 양날과 같이 어떻게 쓰느냐가 중요하다.

　본 책의 원 제목은 '辦公室里的溝通談判術'로, 모두 6장으로 구성되어 있다. 주로 직장 내부에서 생길 수 있는 충돌의 사례와 그것을 해결할 수 있는 방법들을 이야기하고 있다. 이 책에서는 대내외적으로 진행되는 협상에서 충돌과 갈등을 해결하는 법, 협상과 소통에서 가장 기본적으로 필요한 질문하기, 말하기, 듣기의 테크닉을 상세히 언급했다. 또 직장 내부의 상하 간 협상에 있어서 필요한 전략과 타 부서와의 협상에서 운용하는 전술, 회의에서 필요한 협상술 및 충돌을 중재하는 조정자의 테크닉에 대해서도 적고 있다.

우리의 삶 속에서 부득이하게 생기는 충돌과 갈등을 피할 수 없다면 지혜롭게 그것을 해결할 수 있는 방법을 배워야 한다. 협상의 가장 기본적인 원칙은 오로지 승자만이 모든 것을 갖고 가는 것이 아니라, 패자에게도 전리품을 나누어주고 배려하는 것이다. 특히 직장 내부의 협상은 내가 회사를 그만두지 않는 한 계속 얼굴을 마주해야 할 동료들을 상대로 하는 것이기 때문에 더욱 신중해야 하고, 감정적으로 일을 처리해서는 안 된다.

물론 이 한 권의 책을 통해 우리가 안고 있는 모든 갈등과 충돌을 완전히 없앨 수는 없겠지만, 폭풍우 속에서 화창한 날씨를 기대한다는 원저자의 기대처럼 우리 사회의 문제들이 한 가지씩 줄어들었으면 하는 것이 역자의 개인적인 바람이다.

이 책이 출판되기까지에는 많은 이들의 땀과 노력이 있었다. 역자는 한 학기 동안 취업을 앞둔 학생들에게 협상 이론과 그 테크닉에 대해 강의하고, 중국어 번역 방법론을 지도했는데, 양지희,

손동우, 윤은지, 김수민, 이영은, 박미라, 박수동, 김보배 학우가 함께 참여했다. 이 번역은 이들의 노고를 토대로 역자가 좀더 정밀하게 다듬어 완성한 것이다. 발표 준비를 하느라 밤을 새우며 고생한 제자들에게 격려를 보낸다.

2008년 10월
박종연

차례

회사생활이 편안해지는
의사소통의 기술

1

협상 소통의 기본기
질문하기 · 듣기 · 말하기

진짜 질문과 상투적인 질문을 가리는 기술 │ 원하는 답을 얻어내는 질문의 기술 │ 상대의 마음을 간파

할 수 있게 잘 듣는 기술 │ 상대의 마음을 사로잡을 수 있게 말 잘하는 기술

COMMUNICATION

1 진짜 질문과 상투적인 질문을 가리는 기술

협상 소통에서 문제를 제기할 때에는 꼼꼼하게 따져보아야 한다. 문제에도 진짜가 있고 상투적인 것이 있다. 따라서 상대방에게 질문을 할 때에는 상투적인 문제가 아닌 진짜 문제를 이야기해야 한다. 그렇다면 도대체 어떤 것이 진짜 문제이고, 어떤 것이 상투적인 문제인가?

상투적인 문제는 여러 종류가 있으며, 사실 몇몇 상투적인 문제는 단지 상대의 집중력을 잠시 분산시킬 뿐이다.

중국인들만이 하는 질문

　　외국인들이 "중국인들은 어떻게 인사하는가?"에 대해 연구한 적이 있는데, 그들이 얻은 결론은 장소에 따라 거기에 맞는 질문을 한다는 것이다. 예를 들어, 식당에서 우연히 친구를 만났다면 "어이, 식사하러 왔어?"라고 물을 수 있고, 백화점에서 친구를 만났다면 "어이, 백화점 쇼핑 왔어?"라고 물을 수 있으며, 영화관에서 친구를 만났다면 "어이, 영화 보러 온 거야?"라고 물을 수 있다. 모두 상투적인 질문으로 그저 안부를 묻는 것에 불과하다.

　　상투적인 질문은 가끔 오해를 불러일으키기도 한다. 왜냐하면 상대에게 안부를 묻고는 멈추어서 대답을 들을 생각도 하지 않고 가버리기 때문이다. 한 가지 예를 들어보겠다.

사례

　　어느 해엔가 내가 몸담고 있는 둥우 대학의 강의 시간표가 잘못 짜이는 바람에 1, 2교시와 8교시 수업이 배정되었다. 나는 1, 2교시 수업을 마치고, 8교시 수업을 기다려야 했다.

　　한번은 빈 시간을 이용해 학교 근처에 있는 타이베이 고궁박물원으로 산보 삼아 전시회를 보러 갔다. 전시회를 보고서 8교시 수업을 위해 돌아오는 길이었다. 막 학교 정문을 들어오는데 경비가 나를 알아보고서는 인사를 했다. "교수님, 수업이 없으세요?"

나는 "그래도 안면이 있는 처지인데, 당연히 진지하게 대답해야겠지"라고 생각했다. 그래서 "한 시간짜리 수업이 남아 있어요. 중간에 시간이 비어 방금 전시회를 보고 돌아오는 길인데, 정말 멋지더군요. 다음에 기회가 된다면 꼭 한번 가보세요⋯⋯."

그는 내 말을 전혀 듣고 있지 않았다. 그가 입구에서 차를 막고 통행증을 확인하고 있는 동안 나는 한쪽에 서서 혼자 떠들고 있었던 것이다. 나는 머쓱해하며 그 자리를 떠났다.

"식사하셨습니까?", "장사는 잘되시죠?" 등과 같은 상투적인 인사에는 일일이 대답할 필요 없다. 미국인은 더욱 단순해서 이런 질문조차도 귀찮은지 "하이!" 한마디 하고는 쌩 지나간다.

전 세계인이 공통적으로 하는 질문

예를 들어, 당신이 길을 가고 있는데 갑자기 비가 내린다. 마침 비를 피할 수 있는 건물이 앞에 보인다. 얼른 건물에 도착해보니 긴 머리의 미인이 창밖을 내다보고 있었다. 당신은 어색하게 얼버무리면서 "거참 이상하네. 아침에는 날씨가 그렇게 좋더니, 왜 갑자기 비가 내리지?"라고 말할 것이다. 이런 질문은 고기압, 저기압, 한랭전선 통과 등과 같은 답을 기대하는 것이 아니다. 다만 당신이 옆에 있다는 것을 알려주려는 것이다. 그러나 다툴 때에는 이런 질문들이 진짜 질문으로 받아들여지기도 한다.

사례

한번은 아내와 함께 외출하던 중에 차 안에서 다투기 시작했다. 나는 분위기를 바꾸려는 생각에 "이상하네. 방금 전까지 날씨가 맑더니 갑자기 비가 내리네?"라고 말하자, 아내는 "이것도 제 잘못인가요?"라고 따졌다. 나는 "화제를 돌려 분위기를 바꿔보려고 했을 뿐이지 당신을 탓한 게 아니에요"라고 말했다. 그래도 아내는 여전히 화를 풀지 않고 오히려 이렇게 말했다. "당신은 학교에서 수업하는 것도 모자라 나를 가르치려 하는군요." 그래서 내가 "그럼 어떻게 하면 좋겠어요?"라고 묻자, 아내는 "짜증나, 귀찮아 죽겠네. 나는 내려서 택시 타고 갈래요"라고 말했다.

어찌됐든, 진짜 질문과 상투적인 질문이 있다는 것을 기억하자.

2 원하는 답을 얻어내는 질문의 기술

상대방의 불안감에 주의하라

사람은 누구나 근심걱정을 안고 살아간다. "병사가 공격해오면 장군이 막고, 물이 밀려오면 흙으로 막는다"는 말이 있는데, 누가 누구를 두려워하는가. 당신이 사회생활을 한 지 오래되었다면, 세상이 험악해서 함부로 말을 할 수 없다는 것을 알고 있을 것이다. 상대방의 질문 뒤에 어떤 음모가 숨어 있는지 알 수 없기 때문이다. 그래서 우리는 자신의 이미지를 좋게 하기 위해 상대방에게 표준 답안만을 말하게 된다.

예전에 일본 경제가 좋지 않을 때 일본 남자들은 퇴근 후 술을 마시며 사업 이야기를 했다. 집에만 틀어박혀 있는 사람은 무능력한 사람으로 치부되었다. 일본의 경제 침체기였던 그 10년, 많은 남자들이 집 안에 틀어박혀 있었다.

아내가 쓰레기를 버리러 나갔다가 다른 집 여자들을 만나 "그쪽 남편은 요즘 어때요?"라고 물어보면, 모두들 "매우 바쁘죠"라고 대답했다. 아내는 집으로 돌아와 남편에게 화를 내며 말했다. "다른 집 남편들은 다들 바쁜데, 왜 당신만 할 일 없이 빈둥거려요?" 나중에야 안 사실이지만 다른 남편들도 모두 집에서 자고 있었다. 모두가 자신의 이미지를 유지하기 위한 상투적인 말이었던 것이다.

만약 당신과 내가 직장 동료로서 사무실 안에서는 보통 제복을 입는다고 하자. 하루는 내가 제복이 아닌 사복을 입고 있는 모습을 보고 당신이 "그 옷 정말 멋있네요. 어디서 샀습니까?"라고 묻는다.

이 말 자체는 아무런 문제가 없지만, 아마도 나를 불안하게 만들 것이다. 예전에는 만나도 별 인사도 하지 않았는데 갑자기 옷을 어디서 샀냐고 물으니 무슨 뜻인가 싶다. 혹시 누군가 회사 공금을 몰래 빼낸 일이 생겨 직원들의 씀씀이를 조사하고 있는 것은 아닌가. 아니면 내 월급으로는 이런 비싼 양복을 살 수 없다고 생각하는 것은 아닌가?

그래서 나는 잠시 생각한 끝에 "상설 할인매장에서 샀어요"라고 대답한다. 상대방은 답을 얻었지만, 어떤 의미가 있는가? 왜 나는 상대방의 질문에 답을 주었는가? 왜냐하면 상대방이 물은 의도가 께름칙해서 뭔가 대답하지 않을 수 없었기 때문이다.

타이완의 펑페이페이(鳳飛飛)라는 가수는 방송에 출연할 때마다 항상 모자를 썼다. 몇 년 전 버라이어티쇼의 작은 코너에서 재미있는 에피소드가 있었다.

한 남자 가수가 펑페이페이에게 물었다. "당신은 왜 모자를 쓰나요?" 펑페이페이가 "제가 아침에 일어나서 개 한 마리를 보았거든요"라고 대답했다. 남자 가수는 의아해하며 "당신이 개를 본 것과 모자를 쓰는 것이 무슨 관계가 있나요?"라고 물었다. 그러자 그녀는 "맞아요. 그럼 내가 모자를 쓰는 것이 당신과 무슨 상관이 있나요?"라고 대답했다.

쓸데없이 남의 일에 간섭하는 것을 비꼬는 말이다. 내가 기업 강연에서 이 예를 들어 이야기하면 여자들은 모두들 재미있어 한다. 왜일까? 회사의 남자 동료들로부터 이런 시시콜콜한 질문을 받은 경험이 많기 때문이다. 그럴 때 여자들의 반응은 곱지 않다. "뭐 하세요? 호구조사하세요? 쓸데없는 질문을 하시네요." 이제는 그렇게 말할 필요도 없이 "내가 아침에 일어나서 개를 봤거든요"라고 대답하면 된다. 남자 직원들도 내 강의를 함께 들었기 때문에 다음 말이 무엇인지 알 것이다. 그들은 "좋습니다. 개도 다 봤으니, 더 이상 질문할 게 없습니다"라고 말할 것이다.

그렇다면 우리는 협상에서 어떻게 해야 상대방의 불안감을 없앨 수 있을까? 5초만 더 투자해 질문의 목적을 먼저 이야기하라. 예를 들어, 상대방에게 "옷이 너무 예뻐서 나도 한 벌 사고 싶은데 어디서 사셨어요?"라고 물어보면 좋을 것을, 우리는 종종 "나도 한 벌 사고 싶다"는 말은 생략한 채 말한다. "옷이 예쁘네요. 어디서 사셨어요?"라고 말이다. 하지만 그렇게 하면 상대방을 불안하게 할 수도 있다. 5초만 더 투자해서, 질문의 목적을 제시하면 쓸데없는 오해를 줄일 수 있다. 특히 당신이 사장으로서 아랫사람에게 어떤 업무에 대해 물어볼 경우에는 목적을 정확하게 말하라. 그렇지 않으면 그들은 불안해할 것이다.

깔때기식 삼단 질문법

질문할 때 너무 구체적으로 물어서는 안 된다. 당신이 너무 구체적으로 물으면 사람들은 두려워한다.

사례

몇 년 전에는 전화기에 발신자 표시 기능이 없었다. 내가 타이완에서 젊은 사람들을 대상으로 강연을 할 때 그들에게 물었다. "친구에게 전화를 했는데 전화벨이 몇 번이나 울려도 받지 않자 끊었습니다. 그리고 잠시 뒤 다시 걸었는데 이번에는 친구가 바로 전화를 받으면서, '누구야? 방금 네가 전화했어?'라고 물으면 뭐라고 대답하겠습니까?"

절반 이상이 "모르겠는데, 난 처음 전화한 거야"라고 말한다고 했다.

내가 수강생들에게 "왜 사실대로 말하지 않죠?"라고 물었다.

그들은 이렇게 대답했다. "그쪽이 어떤 상황인지 모르잖아요. 마침 샤워하고 있을 때, 전화 벨소리를 들으면 무척 난감할 테고요. 목욕수건을 걸치고 나와서 전화를 받으려고 하는 순간 전화가 끊겼던 것일 수도 있잖아요. 그래서 상황을 정확히 알기 전에는 사실대로 말하지 않을 거예요."

또 다른 예를 들어보자. 옆 부서 김 대리는 일요일에 자주 잔업을 해서 다른 사람들로부터 "윗사람에게 잘 보이려고 해도 이건 좀 아니잖아. 자네가 매일 잔업을 하면, 우린 출근해서 뭘 하란 말이야"라는 비아냥을 자주 듣는다. 이런 말이 김 대리한테는 여간 스트레스가 아니다.

이번 주는 당신이 잔업을 할 순서다. 그런데 일요일에 회사 근처 식당이 문을 여는지 몰라 도시락을 싸야 할지 고민했다. 마침 김 대리가 자주 잔업을 한다고 해서 일요일에 문을 여는 식당이 있는지 물어보려고 한다. 그런데 당신의 질문은 엉뚱하게도 "이번 주 일요일에도 잔업을 합니까?"라는 것이었다.

말이 끝나기가 무섭게 김 대리는 "내가 잔업을 하든 말든 무슨 상관입니까? 이제는 다른 부서 사람들까지 와서 날 건드리네"라고 화를 냈다. 당신은 "왜 이렇게 과민반응을 하지?"라며 의아해할 것이다.

당신의 말에 다른 사람이 과민반응을 보인다면, 그것은 당신의 잘못이다. 왜 상대방이 이런 반응을 보이도록 이야기하는가? 사람의 가장 큰 약점은 자기 잘못은 모르고 다른 사람을 욕하는 것이다. 그러므로 상대방이 과민반응을 보일 만한 말을 해서는 안 된다. 그럼 어떻게 하면 될까? 깔때기식 질문법이 있다.

깔때기식 질문은 먼저 개방형 문제를 이야기하고, 나중에 폐쇄형 문제를 꺼내는 것이다. 또한 당신이 먼저 큰 문제부터 이야기를 시작해서 많은 문제를 질문하게 되면, 상대방은 당신에게 많은 답을 줄 것이다. 그러면 당신은 그 중에서 하나를 골라내면 된다.

사례

예를 들어, "어제 오후에 사무실에 나왔습니까?"라고 묻고 싶었다고 하자.

그러나 이 문제는 너무 구체적이므로, 반드시 대답하지 않을 수도 있다. 따라서 당신은 앞에 '말머리'를 보태어서 "어제 일요일에는 무엇을 했습니까?"라고 묻는 게 좋다.

그러면 상대방은 투덜거리면서 "일요일 아침엔 교회 가고, 오후에는 사무실 나와서 잔업하고, 저녁에는 백화점 세일 기간이라서 마누라 손에 이끌려 짐꾼 노릇했습니다. 결국 하루 종일 쉬지도 못했어요"라고 말할 것이다.

　상대방은 아침, 오후, 저녁에 무엇을 했는지 이야기를 했고, 그 중에는 내가 원하는 답도 들어 있다. "아, 어제 오후에 사무실에서 잔업을 했군요. 그럼 뭐 좀 물어볼게요. 어제 오후에 혹시 사무실에서 ○○물건 못 봤나요?"

　그런데 이렇게 물어도 상대방이 여전히 대답하지 않는다면 어떻게 해야 할까?

　예를 들어, 상대방에게 "어제 어디 갔었어요?"라고 물으면, 상대방은 아마 "사장님께 업무 보고를 했어요. 일요일에 보고하는 회사가 어디 있나요!"라고 말해줄 것이다. 그러면 또다시 상대방에게 물어보아야 한다. 그래서 앞에 '말머리'를 붙이는 것이 필요하다. "지난 주 일요일에 휴양지에 놀러 갔다 왔는데, 재미있는 놀 거리도 없고, 돌아올 때도 차가 너무 막혀서 죽는 줄 알았어요. 시간낭비만 했지 뭐예요. 요즘 어디 간 곳 없어요?"라고 말하는 것이다. 휴양지에 갔다는 말머리만 붙여도 질문에 비교적 쉽게 대답하는 것을 알 수 있다. 왜냐하면 당신은 사장의 권위를 판 것이 아니라, 단지 하소연을 한 것이기 때문이다.

　그래서 먼저 불평을 통해 질문의 목적을 암시한 다음 묻는다. "어제 어디 갔었어요?" 이것이 깔때기의 입구를 여는 것이다. "어제 오후에 사무실 나왔었나요?"라고 묻는 것은 깔때기의 문을 닫는 것이다. 먼저 불평을 해서 목적을 암시하고, 그 다음에 깔때기의 문을 열고, 마지막으로 깔때기의 문을 닫는다. 이러한 삼단 논법을 통한 질문을 하면 바로 원하는 답을 얻을 수 있다.

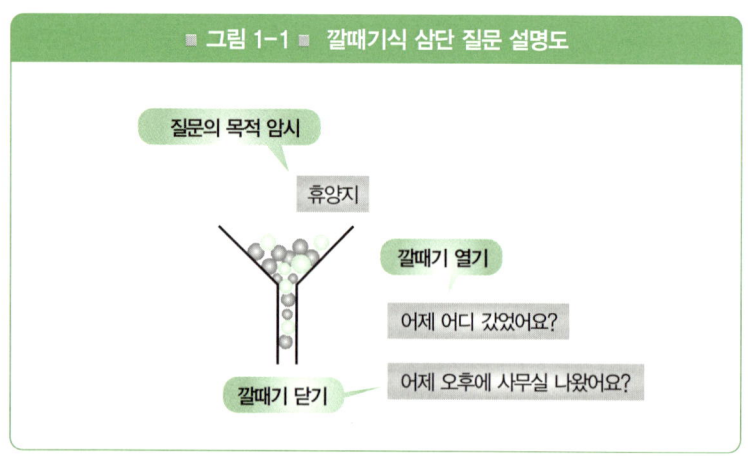

■ 그림 1-1 ■ 깔때기식 삼단 질문 설명도

질문의 목적 암시

휴양지

깔때기 열기

어제 어디 갔었어요?

어제 오후에 사무실 나왔어요?

깔때기 닫기

어떤 사람은 "귀찮게 꼭 이렇게 해야 합니까?"라고 말한다. 당신이 귀찮게 생각한다면 진정한 답을 얻을 수 없고, 단지 표준의 답만 얻게 된다. 여기서 한 가지 주의해야 할 점은 너무 구체적인 질문을 할 경우 상대방이 불안해할 수 있다는 것이다. 그리고 다른 사람들이 당신의 질문 의도를 추측할 수도 있기 때문에 처음부터 폐쇄적인 질문을 해서는 안 된다. 다시 예를 들어보자.

사례

당신은 사장과 함께 영화를 보러 간다. 영화가 끝나고 나서
사장이 당신에게 "어떻습니까? 재밌었나요?"라고 물어보면, 어

떻게 대답할 것인가? 당신은 사장의 뜻을 짐작해낼 수 있겠는가? 사장이 어떻게 생각하는지 모르겠다면, "생각했던 것만큼 재미있지는 않았습니다"라고 말할 것이다. 이것은 매우 교묘한 대답이다. 만약 사장이 재미있다고 말하면, 당신도 덩달아서 "맞습니다. 그렇게 재미있는 건 아니지만 볼 만했어요"라고 말할 수 있다. 만약 사장이 재미없었다고 말하면 "맞습니다. 제가 생각했던 것만큼 재밌지 않네요"라고 말할 수 있다.

"재미있었습니까?"라는 질문은 겉으로는 개방형의 질문 같지만, 사실은 폐쇄형 질문이다. 왜냐하면 당신이 추측하려고만 한다면 사장이 재미있게 봤는지 아닌지를 곧바로 추측할 수 있기 때문이다. 그러므로 다른 사람의 마음을 추측할 때, 당신의 질문법은 삼단논법을 사용해야 한다. 이렇게 범위를 좁혀가며 답을 얻어내도록 시도해보라.

왜라고 묻지 마라

어째서 '왜'라고 질문하면 안 될까? '왜'라는 말은 좋지 않기 때문이다. 당신이 무슨 근거로 나에게 왜라고 묻는가? 무슨 자격으로 나에게 왜라고 묻는가? '왜'라는 질문은 우리에게 두 가지 느낌을 준다. 첫 번째는 사람을 꾸짖는 느낌이다. 그 말을 들으면 어렸을 때 부모님이나 선생님들로부터 꾸지람을 들었던 안 좋은 기억이 떠오를 것이다. 두 번째는 아주 귀찮다는 느낌이다. 예를 들어 당신의 아이가 어릴 때 "이건 왜 그래요?" "저건 왜 그래요?"라고 물으면, "우리 아들은 커서 분명히 훌륭한 과학자가 될 거야"라고 기뻐했겠지만, 아이가 다 커서도 "이건 왜 그래요?"라고 물어보면 대답하기 곤란한 것도 있어서 "애가 정말 사람을 귀찮게 하네. 모르는 게 있으면 선생님한테 가서 물어봐!"라고 말할 것이다.

'왜'라는 말은 도전적인 느낌이 강하다. 예를 들어보겠다.

사례

타이베이에서 강의를 할 때의 일이다. 점심식사를 하는데 한 수강생이 옆에 앉으며 "교수님, 좀 개인적인 질문을 해도 되겠습니까?"라고 말했다. 나는 "좋아요. 말해보세요"라고 했다. 그러자 그는 이렇게 물었다. "교수님은 협상에 대해 열심히 강의하시는데, 도대체 왜 그렇게 하시는데요?"

이런 질문은 상대방을 무시하고 상대방에게 도전한다는 느낌을 주기 때문에 좀처럼 꺼내기 어려운 것이다. 설마 그는 내 일이 아무런 가치가 없다고 생각한단 말인가? 그런 뜻이 아니라면 그는 나에게 '왜'라고 물어서는 안 된다. 그는 "교수님, 이렇게 열심히 협상을 가르치시는데, 언제가 가장 보람 있습니까?"라고 물어야 한다.

한번은 타이베이에서 부동산 중개업자와 함께 집을 보러 갔다. 하지만 주변 환경이 좋지 않고 나무도 적어서 졸부가 사는 집 같은 느낌이 들었기에 사지 않기로 결정했다. 다음 날 부동산 중개업자가 전화를 걸어와서 "어제 봤던 집 어떻습니까?"라고 물었다.

나는 "죄송하지만 사지 않겠습니다"라고 말했다. 그러자 부동산 중개업자가 "왜요?"라고 되물었다. 내가 참지 못하고 "그냥 안 사겠습니다. 구입 여부도 내가 결정을 못합니까?"라고 말했다.

그러므로 가능하면 '왜?'라고 묻지 마라. 그럼 어떻게 물어야 하는가? 이제부터 가르쳐주겠다.

사례

어떤 사람과 비즈니스 협상을 하고 있다고 하자. 협상이 끝난 후. 그는 내일 계약서에 서명하러 오겠다고 말하고는 돌아갔다. 그러나 그 뒤로 아무런 진전이 없었다. 얼마 후 사장에게 "더 큰 것을 잡기 위해 일부러 놓아줬습니다"라고 말하면, 사장은 분명 다급하게 "책임지고 그를 다시 오게 하세요"라고 말할 것이다.

당신은 어떻게 그를 붙잡아올 것인가? 그에게 전화해서 "김 사장님, 계약서에 서명하시겠습니까, 안 하시겠습니까?"라고 물을 것이다.

대놓고 "왜 서명을 안 하시나요?"라고 물으면, 그는 아주 귀찮아할 것이다. 그렇게 묻는 대신 "서명하실 건가요, 안 하실 건가요?"라고 물으면, 그는 "그럼 계약하지 않아도 되는 거군요. 잘됐네요. 돌아와서 보니 재정적으로 다소 곤란한 문제가 있어서 계약하지 않기로 결정했습니다"라고 대답할 수 있다.

그럼 어떻게 하면 '왜'라고 묻지 않으면서도, 당신이 원하는 답을 얻어낼 수 있을까?

다음과 같이 물으면 된다. "김 사장님, 저희 사장님께서 다음번에 만나서 계약하기 전까지 혹시 검토하시고자 하는 문서는 없는지, 그리고 저희가 누구를 방문해야 할 필요는 없는지 여쭈어보라고 하십니다."

"다음번에 만나서 계약하기 전까지"라는 말은 상대방이 빠져나갈 선택안을 주지도 않으면서 서명을 하도록 강요하는 느낌도 주지 않는다.

"혹시 검토하시고자 하는 문서는 없는지"라는 말은 예를 들면 상대방으로부터 "좋습니다. 저는 재정보고서와 계획서를 다시 보고 싶습니다" 또는 "다른 주주의 의견을 듣고 싶습니다"라는 대답을 이끌어낸다. 그러면 당신은 어디에 문제가 있는지를 바로 알수 있다.

예를 들어 부동산 중개업자가 나에게 살지 말지, 안 사겠다면 그 이유가 무엇인지를 물었다면, 그것은 분명히 협상 훈련을 받아

본 적이 없다는 것을 의미한다. 훈련을 받은 중개업자라면 그렇게 말하는 대신 이렇게 물을 것이다. "그 집의 어디가 마음에 안 드십니까? 아직도 고민 중입니까?" 이처럼 '왜'라는 물음을 피하면서 진정으로 '왜'라고 묻는 효과를 얻을 수 있는 방법을 써야 한다.

> **사례**
>
> 당신은 사장과 어떤 일에 대해 이야기하고 있다. 사장이 "내가 오늘 이야기한 것은 A에서 B까지입니다"라고 말하자 당신은 "사장님, 왜 A에서 B까지입니까?"라고 묻는다.
>
> 이 질문은 곧 그에게 도전하는 것으로, 사장이 괴팍한 성격이라면 이렇게 말할 것이다. "왜 A에서 B까지냐고? 자네 공부를 더 해야겠군. 돌아가서 2년 더 공부해보면 알게 될 걸세. 자네에게 대답해주기도 귀찮네."
>
> 그럼 당신은 어떻게 물어야 할까? 다음과 같이 물어볼 수 있다. "저도 사장님이 하신 얘기에 모두 동의합니다. 그런데 제가 좀 부족해서 A와 B의 관계를 정확하게 이해하지 못했습니다. 사장님께서 한 수 가르쳐주실 수는 없는지요?"
>
> 사람들은 조금만 알아도 남을 가르치려 든다. 당신이 다른 사람에게 배움을 청한다면 아무도 거절하지 않을 것이다. 그는 왜 A에서 B까지인지를 설명해줄 것이다. 그러나 이야기하다 보면 방금 자신이 잘못 말했으며, 사실 A와 B 사이에는 아무런 관계가 없다는 것을 발견하게 된다. 그럼 어떻게 할까?

보통 사장들은 "됐네. 그만 이야기합시다"라고 말할 것이다. 이때 당신은 더 이상 캐묻지 말고, 그를 놓아두어야 한다.《맹자 양혜왕편(孟子梁惠王篇)》에 재미있는 이야기가 나온다.

맹자가 제나라 선왕(宣王)에게 물었다. "어떤 사람이 자신의 아내와 자식들을 친구에게 돌봐달라고 부탁하고, 자신은 초나라를 두루 돌아다니다 왔습니다. 처자식은 추위와 굶주림에 떨고 있었지요. 이런 친구는 어떻게 해야 합니까?"

선왕이 말했다. "그런 친구와는 절교를 해야죠."

맹자가 또 물었다. "만약 법무부 장관이 아랫사람을 잘 관리하지 못하면 어떻게 해야 합니까?"

선왕이 대답했다. "그런 관리는 파면시켜야 합니다."

맹자가 다시 "만약 국왕이 자기 나라조차도 잘 다스리지 못한다면 어떻게 해야 합니까?"라고 묻자, 선왕은 좌우를 돌아보며 못 들은 체했다.

2,000년 동안 사람들은 모두 그렇게 살아왔다. 당신의 사장이 갑자기 훌륭한 사람으로 바뀔 것이라고는 기대할 수 없으며, 사람은 결국 실수를 하게 마련이다. 만약 사장이 잘못 말했다면, 그가 한 번 더 말하게 하라. "사장님, A와 B 사이의 관계는 알겠지만, 갑자기 헷갈리네요. 다시 한 번 가르쳐주실 수 있습니까?" 또는 "A와 B의 관계는 모두 이해했지만, 기자들이 저에게 전화해서 물어보면 어떻게 설명해야 합니까?"라고 말한다. 당신의 문제를 기자의 질문으로 '포장'한다면, 사장이 받아들이기 쉽다. 결론적으로 사장의 심리를 고려해야지, 그에게 틀린 것을 인

정하도록 해서는 안 되며, 스스로 잘못된 점을 알도록 해야 한다. 물론 그 과정에서 당신은 반드시 적절한 선을 지켜야 한다.

이 방법은 가정에서도 유용하게 사용할 수 있다.

사례

예를 들어 당신이 부모로서 자식들과 사이가 나빠지면 어떻게 할 것인가? 요즘 아이들은 키우기가 보통 어려운 것이 아니다. 나는 아들이 둘 있는데, 작은아이가 타이완 대학 의예과에 재학 중이다. 작은아이가 초등학교 3학년 때 마지막으로 한 번 때렸던 기억이 있다. 그때 아이는 나에게 이렇게 물었다. "아빠, 저를 때리는 이유를 말해주세요." 우리가 어렸을 적에는 부모가 때리면 그냥 맞았지 무슨 이유를 따지는 것은 꿈도 꾸지 못했는데 참으로 격세지감을 느끼게 된다. 만약 이유를 물었다면 아버지는 아마 "애비가 자식 때리는 데 무슨 이유가 필요하냐?"라고 더 혼냈을 것이다. 어쨌든 나는 그 이후로 다시는 아들을 때리지 않았다.

우리는 부모님을 이해해야 한다. 부모들은 자식들이 다 크고 나면 의사소통이 어려워지는 것을 느낀다. 예전에 동료 여교수가 혼자 아이를 키우고 있었다. 한번은 다른 동료 교수와 함께 식사 초대를 받아 그녀의 집에 간 적이 있었다. 그녀는 딸에게 학교를 마치면 바로 택시를 타고 오라고 했다. 타이완 택시는 노란색인데, 젊은 사람들은 '샤오황'이라고 부르곤 했다. 딸이 집에 오자 엄마가 "너 샤오황 타고 왔니?"라고 말했다.

그러자 딸은 "엄마, 우리가 쓰는 말 좀 쓰지 마세요"라고 무시하듯 말했다. 그녀는 그 말을 듣고 무척 무안해했다.

딸이 밥을 먹고 먼저 자리를 뜨자 우리는 한탄하며 말했다. "요즘 아이들 참 키우기 힘들어."

다른 남자 동료도 아들과 의사소통하는 것이 힘들다고 불평을 했다. 그는 좋은 아빠가 되고 싶어서 아이들과 의사소통하는 법을 가르쳐주는 '영혼의 계란탕'이라는 강의까지 들었다고 한다. 강의를 듣고 자신감이 생긴 그는 아이와 대화를 하기 위해 아들의 방문을 노크했다. 아이는 방에서 컴퓨터 게임을 하고 있었다. 아버지는 방에 들어가서 이야기를 조금 했고, 스스로 아주 만족했다. 그런데 그의 말이 끝나자 아들은 "아빠, 또 무슨 수업 듣고 나한테 연습하는 거죠?"라고 말했다. 모처럼 아들과 대화를 해볼 참이었던 아버지의 희망은 그렇게 꺼지고 말았다.

부모와 자식은 연령대도 다르고, 성장 과정도 다르다. 예를 들면, 우리는 어렸을 때 진융(金庸)의 소설이라면《천룡팔부(天龍八部)》부터 읽었지만, 내 아들은 고등학생이 되어서야 그 책을 읽기 시작했다. 그때 아이가 나한테 "《천룡팔부》의 문장이 이렇게 아름다운 줄 몰랐어요"라고 말했다. 나는 "그래, 네가 이제야 알았구나"라고 대답했다.

우리 아이들 세대는《천룡팔부》를 만화에서 처음 접하고 그 다음에는 컴퓨터 게임으로, 그리고 마지막으로 책으로 접하게 된다. 그러나 우리 세대에는 오직 책으로만 접할 수 있었다. 이렇듯 성장 과정이 다르다 보니 사고방식도 다르게 마련이고, 소통 방법도 다를 수밖에 없다.

협상을 할 때, 당신은 협상의 대상이 어느 연령대인지를 고려하여 어떤 식으로 대화할 것인지를 결정해야 한다.

강요하지 마라

누구나 다른 사람으로부터 강요당하는 것을 좋아하지 않는다. 그럼 강요하지 않으면서 원하는 바를 얻으려면 어떻게 해야 할까? 예를 들어보자.

당신이 한 회사에 전화해 김 사장을 찾는다. 김 사장의 비서가 전화를 받았는데, 그녀는 세 가지 방법으로 대답할 수 있다. 첫 번째는 "실례지만 어디세요?", 두 번째는 "실례가 되지 않으면 누구인지 물어봐도 되겠습니까?", 세 번째는 "제가 사장님께 전화하신 분이 누구인지 알려드려도 되겠습니까?"라고 응대하는 것이다. 당신은 어떤 방식의 대답을 좋아하는가?

아마 세 번째 방법이 가장 예의 바른 방법이라고 생각할 것이다. 하지만 그렇지 않다는 것을 당신에게 알려주겠다.

첫 번째 방법은 전체적인 질문이 당신에게 선택의 여지를 전혀 주지 않고 있다. 당신이 김 사장을 만나려면 반드시 비서라는 골키퍼를 지나야 한다. 그녀가 "실례지만 어디세요?"라고 물었다면, "저는 모 회사의 김철수라고 합니다. 김 사장님을 찾는데……"라고 말해야 한다. 자기소개를 하고 한참을 이야기했지만, 상대방은 냉담하게 한마디 건넨다. "사장님은 해외 출장 중이어서 다음 달에나 돌아오십니다." 당신은 이 말을 듣고 크게 실망할 것이다.

두 번째, "실례가 되지 않으면 누구인지 물어봐도 되겠습니까?"라는 말은 당신에게 선택의 여지를 주고 있다. 비록 첫 번째와 똑같은 대답을 하겠지만, 훨씬 좋은 느낌을 받는다. 그렇지만 여전히 김 사장이 자리에 있는지 없는지는 알 수 없다.

세 번째, "제가 사장님께 전화하신 분이 누구인지 알려드려도 되겠습니까?"라는 말은 최소한 김 사장이 있다는 것을 의미한다.

어떤 사람은 "사장님이 자리에 있더라도, 아무 손님이나 연결해 줄 수는 없습니다"라고 말할 수 있다. 그러나 사장이 회사에는 있지만 잠깐 자리를 비웠을 때, 비서로서 당신은 이렇게 말할 수 있다. "사장님은 지금 회의 중이니 잠시 후 돌아오시면 바로 전화를 드리도록 하겠습니다." 이렇게 말하면 사장이 자리에 있을 때도 다른 사람에게 강요의 느낌을 주지 않을 수 있다.

상대에게 하나의 선택권을 주어라

"하나의 선택권을 준다"는 것은 무슨

의미인가? 예를 들어 설명해보겠다.

당신은 회사에서 사보 발간을 담당하는 책임자로서 사장에게 원고를 써달라고 부탁했다. 그런데 마감일이 다 되어가도록 사장이 원고를 줄 기미가 보이지 않는다면, 어떻게 재촉할 것인가?

첫 번째 방법은 다음과 같다. "사장님, 원고를 꼭 주셔야 합니다. 그렇지 않으면 잡지 지면에 공백이 생기게 됩니다." 장담하건대 사장의 총애를 받는 사람이 아닌 한 감히 이렇게 말하지 못할 것이다.

두 번째 방법은 다음과 같다. "사장님, 원고 마감일이 다 되어갑니다. 원고를 쓰시겠습니까, 안 쓰시겠습니까?" 그러면 사장은 "원래 안 써도 되는 거였군" 하는 생각이 들어 "요즘은 너무 바쁘니 그냥 넘어가고 다음 달에 다시 이야기합시다"라고 말한다.

첫 번째 방법은 그를 못살게 괴롭히는 것이고, 두 번째 방법은 당신이 문을 열자 그가 바로 날아가 버리는 것이다. 게다가 사장이 좀 민감하다면 "자네가 처음 원고를 부탁했을 때 사람들이 내 글을 많이 기대하고 있다고 해서 그날 밤을 새워서라도 써주려고 했다네. 그런데 오늘 나한테 원고를 쓸 건지 안 쓸 건지를 물어보는 걸 보니, 내 원고가 없어도 상관이 없다는 뜻 같은데, 내가 꼭 써야 하는가?"라고 말할 것이다. 그래서 원래는 쓰려고 했지만 결국은 안 쓰게 된다.

나도 많은 잡지사와 원고 계약을 하다 보면 이처럼 어리석은 편집자를 만날 때가 있다. 매번 원고를 재촉할 때마다 "원고 쓰실 겁니까?"라고 물으면, 나는 그 기회를 틈타서 "그럼 저 안 쓸게요.

사실 엄청 바쁘거든요"라고 말한다.

　그럼 상대를 못살게 굴지도 않고 도망가지도 않게 하면서 당신의 새장 안에서 날도록 하는 방법은 없을까? '상대에게 하나의 선택권을 주는 것'이 바로 그 방법이다.

　"사장님, 원고 마감일이 다 되어가는데, 모두들 사장님의 글을 기대하고 있습니다. 제가 오늘 원고를 가지러 갈까요, 아니면 다음 주 수요일에 다시 갈까요?"라고 물으면, 그는 반드시 이렇게 말할 것이다. "그럼 다음 주 수요일에 다시 오세요."

　일반적인 상황에서 우리는 상대가 선택해야 하는 것을 두 번째 자리에 둔다. 예를 들어, 엄마들은 아이에게 이렇게 묻는다. "아빠가 좋아, 엄마가 좋아?" 아이는 "엄마가 좋아"라고 대답한다. 엄마는 아이의 말을 듣고 좋아한다. 둘째 날 엄마는 또 물어본다. "엄마가 좋아, 아빠가 좋아?" 아이는 "아빠가 좋아"라고 말한다. 엄마는 "어저께는 엄마가 좋다고 해놓고서?"라며 상심한다. 사실 마음이 변한 게 아니라, 아이들은 마지막에 제시된 것을 선택할 뿐이다.

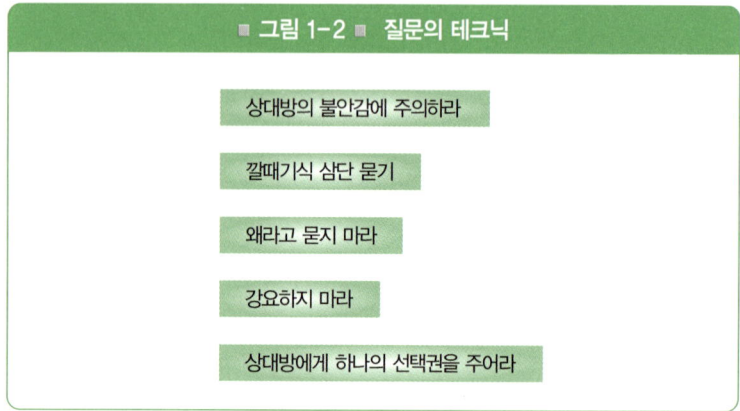

■ 그림 1-2 ■ 질문의 테크닉

상대방의 불안감에 주의하라

깔때기식 삼단 묻기

왜라고 묻지 마라

강요하지 마라

상대방에게 하나의 선택권을 주어라

3 상대의 마음을 간파할 수 있게 잘 듣는 기술

협상 테이블에서도 의사가 환자를 진찰하듯이 시진(視診), 문진(聞診), 문진(問診), 촉진(觸診)에 신경을 써야 한다. 당신은 적절한 질문을 하는 것도 중요하지만 상대방의 대답을 잘 듣는 것도 그 못지않게 중요하다는 것을 알아야 한다.

어색함으로 시작하라

협상에서 어색함을 사용하는 것도 유리한 방법이 될 수 있다. 어색함은 협상 분위기의 열기를 떨어뜨린다. 그러면 상대방이 어색한 분위기를 참지 못하고 먼저 말하게 된다. 이러한 방법은 어떤 상황에서든지 적용할 수 있다.

주동적으로 말해
상대방의 말을 끌어내라

어색함의 방식이 효과가 없다면, 반대로 당신이 먼저 이야기해보라. 다른 사람의 말을 유도하는 데에는 두 가지 방법이 있다. 하나는 이야기를 하지 않음으로써 우선 어색하게 하는 것이고, 다른 하나는 당신이 먼저 그에게 미끼를 던지고, 이러한 정보를 이용하여 상대방의 마음속에 있는 말을 끄집어내는 것이다.

예를 들어, 부하직원에게 어떤 문제가 생겨서 그를 불러 이야기를 하려 한다고 하자. 그는 내게 와서는 아무 말도 하지 않는다. 그래서 내가 그에게 다음과 같이 말한다. "당신은 말을 하지 않아도 상관없습니다. 내가 먼저 말하죠. 만약 내 말 중에 잘못된 점이 있다면 말해보세요. 당신이 내게 준 느낌은 마치 당신이……." 그러면서 그의 어떤 부분을 자극하면, 그는 펄쩍 뛰며 "아닙니다. 제가 말한 것은 그런 뜻이 아닙니다"라고 할 것이다. 이렇게 되면 그는 나의 유인책에 걸려들어 말을 하게 된다.

상대방 말의 형용사를 잡아라

협상을 할 때, 특히 회사 내부의 충돌을 해결할 때에는 상대방의 입을 막으려는 것이 아니라 상대방의 마음을 사려는 목적이 강하다. 직원들이 진심으로 사장을 따르고 회사에 충성하게 하려면 그들의 마음을 살 수 있어야 한다. 입을 막는 것은 쉽지만, 마음을 사는 것은 결코 쉬운 일이 아니다. 상대방의 입을 막는 것은 귀를 이용해 듣는 것이지만, 마음을 사는 것은 입을 이용해 들어야 한다.

"입을 이용해서 듣는다"는 것은 무슨 뜻인가? 바로 듣는 과정에서 상대방 말의 형용사를 잡는 것이다. 이것을 '적극적으로 듣기'라고 할 수 있다. 협상에서 우리는 상대방의 형용사나 감정을 포착한 후 그것을 반복하여 상대방이 더욱 깊은 반응을 보이도록 이끌어야 한다.

연구에 따르면 상대방의 감정을 건드리면 반응이 더욱 강렬해진다고 한다.

사례

어떤 기자가 중미 무역협상을 취재하기 위해 중국 측 재경부 장관을 인터뷰하러 갔다고 하자. 기자가 묻는다. "장관님, 오늘 중미 무역협상의 결과에 대해 평가를 내려줄 수 있겠습니까?"

이런 질문은 전혀 날카롭지 않기 때문에 장관은 "논평을 하지 않겠습니다"라고 말할 것이다. 결국 기자는 어떤 정보도 얻지 못해 기사를 쓸 수 없게 된다.

그러나 그의 감정을 건드리게 되면 상황이 달라진다. 예를 들어, "장관님, 표정이 아주 안 좋아 보이는데, 협상이 아무런 소득도 없었던 것 아닙니까?"라고 말하면, 그는 펄쩍 뛰면서 "아닙니다. 큰 소득이 있었습니다. 이번에 이런저런 성과를 거두었습니다"라고 말한다. 이렇게 상대방의 말에 자극을 받아 자신도 모르게 말이 튀어나오게 되는 것이다.

당연히 그는 "이 문제에 대해서 답변할 것이 전혀 없습니다"라고 대답할 수도 있다. 그렇다면 기자는 다음 날 신문에 "장관의 표정이 매우 어두운 것으로 봐서 협상에서 아무런 소득이 없었던 게 분명하다"라고 보도하면 된다. 그렇지 않으면 "장관의 표정이 매우 어두워서 기자가 협상에서 아무런 소득이 없었던 게 아니냐고 묻자 장관은 결코 부인하지 않았다"라고 쓰면 된다.

물론 장관은 협상 결과의 성공 여부에 대해 긍정도 부정도 하지 않았다. 그러므로 당신은 어떤 질문을 해서 상대방의 대답을 이끌어낼 수 있는지를 생각해야 한다.

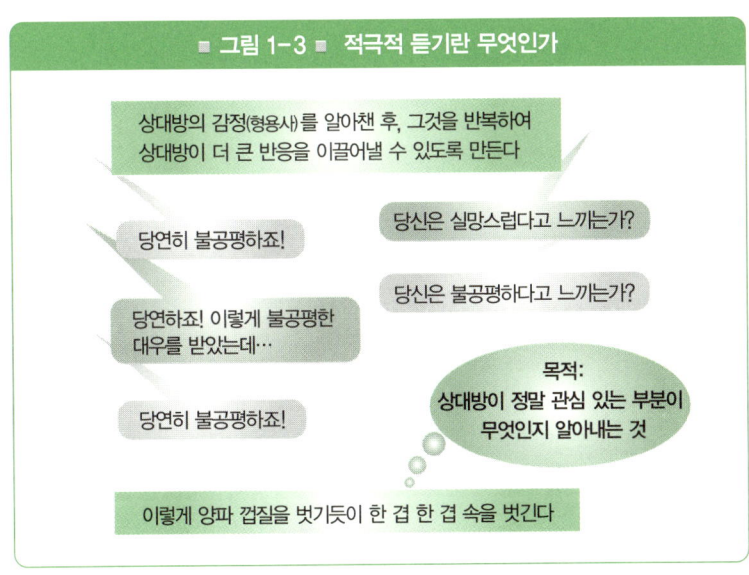

상대방의 감정(형용사)를 알아챈 후, 그것을 반복하여 상대이 더 큰 반응을 이끌어낼 수 있도록 만든다

당연히 불공평하죠!

당신은 실망스럽다고 느끼는가?

당신은 불공평하다고 느끼는가?

당연하죠! 이렇게 불공평한 대우를 받았는데…

목적: 상대방이 정말 관심 있는 부분이 무엇인지 알아내는 것

당연히 불공평하죠!

이렇게 양파 껍질을 벗기듯이 한 겹 한 겹 속을 벗긴다

그렇다면 이러한 느낌은 어떤 것으로 표현하는가? 그것은 바로 형용사다. 예를 들면, 난 너무 실망스럽고, 너무 힘들고, 매우 화가 난다 등. 입으로 듣는 것은 바로 상대의 형용사를 잡아낸 후 그의 말을 되풀이하여 상대방이 좀더 명백하게 말하도록 이끌어내는 것을 말한다. 예를 들어 상대방이 "오늘 매우 실망스럽다"라고 말하면, 그의 말을 되풀이해서 "매우 실망스럽다고 느낍니까?"라고 물어보면 상대방은 감정이 격해져서 "당연히 실망스럽죠. 이런 불공평한 대우를 받는데, 속이 너무 상해서……"라고 말할 것이다. 결국 그는 술술 협상 내용을 풀어놓을 것이다. 이것은 마치 양파 껍질을 벗기듯이 한 겹 한 겹 벗겨나가는 것이다. 당신의 진짜 목적은 상대방의 진정한 관심사가 무엇인지를 알아내는 것이 되어야 한다.

예를 들어 당신이 업무 책임자로 있는데, 부하직원의 불만이 여간 아니다. 그래서 당신은 그를 불러서 좀 달래보려 한다. 그가 당신에게 "저는 지금 매우 실망스럽습니다"라고 말한다.

그러고 나서는 당신을 주시하며 어떻게 반응하는지 살펴본다. 당신이 두리번거리거나 볼펜을 돌리고 있거나 담배를 피우거나 귀를 후비거나 콧구멍을 파고 있다면, 전혀 진지하게 경청하고 있지 않다는 표시다. 그렇다면 그는 더 이상 말을 하지 않을 것이다. 당신이 그를 만나고도 아무런 말을 하지 않았기에, 그 일은 그냥 지나가 버리게 된다.

이것은 매우 안타까운 일이다. 왜냐하면 상대방으로부터 어떤 정보도 듣지 못했기 때문이다. 그러므로 그가 첫 말을 내뱉었을 때 그를 붙잡아두도록 해야 한다. "잠깐, 김 대리, 방금 매우 실망스럽다고 말했나요?"

"그렇습니다."

"무슨 일이 있었습니까?"

"불공평합니다!"

"좀더 자세하게 이야기해보세요."

"정말 듣고 싶습니까?"

"네."

"정말 관심이 있습니까?"

"네."

당신은 그가 말하도록 유도해야 한다. 그러면 마치 수도꼭지를 틀어놓은 것처럼 이런저런 이야기들이 그의 입에서 흘러나올 것이다. 흘러나온 것들이 모두 귀중한 정보라고는 할 수 없지만, 귀중한 것은 모두 그 속에 있다. 그러므로 수도꼭지를 트는 방법을 배우려면, 형용사를 잡아내는 것이 매우 중요하다.

부하직원도 당신을 테스트하면서 "내 말을 듣긴 하는 걸까? 전혀 듣고 있지 않으면 더 이상 말하지 말고, 열심히 듣고 있다면 말해야지"라고 생각한다.

또한 상대방과 논쟁을 벌이지 마라. 특히 당신이 부하직원이고, 상대방이 사장이라면, 그와 하루 종일 논쟁을 벌인들 어떻게 사장을 이길 수 있겠는가?

그러므로 적극적 듣기는 귀로 듣는 것이 아니라, 입으로 듣는 것이다. 입으로 들어야만 상대방이 진정으로 원하는 것이 무엇인지 알 수 있다. 그런 후에야 우리는 그에 맞는 정확한 처방을 내릴 수 있다.

두 번째 들을 때 메모를 하라

관리자는 상대방의 이야기를 들으면서 두 번째 들을 때 메모하는 것이 좋다.

예를 들어 당신이 사장에게 어떤 문제를 제기하는데, 사장이 펜을 꺼내 적는다면, 그가 이 일을 아주 중요하게 여기고 있다는 생각에 더 많은 이야기를 하게 된다. 하지만 사장이 그 일에 관심이 없다고 생각하면, 당신은 이야기를 별로 하지 않게 된다. 그래서 정작 중요한 것은 말하지 않고, 쓸데없는 말을 많이 하게 된다. 그러면 이야기의 전체 비중이 균형을 잃게 된다.

따라서 상대방이 처음에 이야기를 할 때에는 그냥 듣기만 하고, 상대방의 이야기를 한번 다 듣고 난 다음 펜을 꺼내 상대방에게 말해야 한다. "방금 당신이 말한 그 부분을 다시 말해줄 수 있습니까?" 하고 요청하여 메모를 하는 것이다.

부하직원들은 항상 윗사람의 속내를 짐작해보고, 그가 무슨 말을 듣고 싶어하는지를 추측한다. 당신의 마음이 부하직원에게 읽힌다면, 그들은 듣기 좋은 말만 골라서 하게 된다. 당신은 결국 어떤 것도 들을 수 없게 된다. 그러므로 반드시 두 번째 들을 때에 메모를 해야 한다.

당신이 뭐든지 알고 있다는 표시를 내지 마라

어떤 경우 당신은 너무 똑똑할 필요가 없고 뭐든지 알고 있을 필요도 없다.

예를 들어, 당신은 부하직원에게 "김 대리, 그날 도대체 무슨 일이 있었던 겁니까?"라고 묻고 상대방이 막 설명하려고 하면 "됐어요, 됐어. 앞에 있었던 일은 말할 필요가 없고, 요점만 말해보세요"라고 말한다. 하지만 상대방의 말을 가로막으면 무슨 일이 일어났는지 어떻게 알 수 있겠는가? 그가 단지 요점만 말할 경우 당신은 부분적인 정보만을 파악할 수 있을 뿐이다. 그러므로 여러 사람의 이야기를 들어야 교차 검증할 수 있고 문제점도 파악할 수 있다. 아랫사람은 상사에게 어떤 일을 보고할 때 그가 마치 모든 일을 다 알고 있는 것처럼 나오면 두려워한다. 그러므로 모든 것을 알고 있다는 표시를 내서는 안 된다.

알고 있는지 모르는지 혹은 어느 정도 알고 있는지를 다른 사람에게 함부로 말해서는 안 된다.

사장이 뭐든지 알고 있으면 직원들은 일처리를 하기가 무척 어려워진다. "임금을 모시는 것은 호랑이와 함께 있는 것과 같다"라는 속담이 있다. 이전에 〈한무대제〉라는 드라마를 보고 깨달은 바가 있었다. 한무제가 위청과 장기를 함께 두면서 어떤 일에 대해 말하자, 위청이 "알겠습니다"라고 말했다. 한무제가 자신이 무슨 수를 써놓았다고 말하자, 위청이 또 "알겠습니다"라고 말했다. 한무제가 자신이 한 수를 남겨두었다고 말하자, 위청이 여전히 "알겠습니다"라고 말했다. 계속해서 세 번이나 "알겠습니다"라고 말하자, 한무제는 화가 나서 안색이 변했다. 그는 퉁명스럽게 "내가 두는 수를 네가 모두 알고 있다면 무슨 재미로 장기를 두겠나?"라고 말하면서 장기판을 엎고 나가버렸다.

그러므로 때로는 관리자나 부하직원은 너무 총명함을 드러내면 안 되고, 적당히 분수를 지킬 줄 알아야 한다.

어떤 사람은 "그것은 옛날 이야기고 요즘은 다릅니다!"라고 말한다. 하지만 임금을 모시는 것이 호랑이와 함께 있는 것과 같다는 말은 예나 지금이나 마찬가지다.

내 수강생 중 한 명이 사장을 모시고 골프를 치러 갔다. 그리고 먼저 티샷을 했는데 오비가 나자 사장은 화가 나서 "김 부장, 골프를 이렇게 엉망으로 치면, 나중에 외국 손님이 왔을 때 어떻게 골프를 함께 칠 수 있겠나?"라고 말했다. 그 일이 있은 후 그는 골프 연습을 부지런히 해서 실력이 크게 늘었다. 그러자 사장이 다시 말했다. "김 부장, 아주 잘 치는군. 요즘에 골프를 자주 치러 다니나 봐?" 결국 골프를 너무 잘 쳐도 안 되고, 너무 못 쳐도 곤란하다는 얘기다. 이것이 바로 "임금을 모시는 것이 호랑이와 함께 있는 것과 같다"는 말이 아니겠는가?

웃다가 일을 망치지 않도록 조심하라

감정을 위로할 때에는 절대 함부로 웃어서는 안 된다. 잘못하면 감정을 위로하기는커녕 불 난 집에 부채질하는 격이 된다.

우리는 다른 사람과 이야기할 때, 매우 진지하게 대하거나 복잡한 문제를 명확하게 표현하려고 하거나 또는 온갖 방법을 동원해서 정보를 전달하려고 애쓸 것이다. 그런데 상대방이 실없이 웃고 있다면 화가 나지 않겠는가? 그럴 경우 계속해서 말하면 너무 바보처럼 보일까 봐 우리는 입을 다물게 된다. 어차피 상대방은 내 말을 가소롭다고 생각하는데, 왜 계속 말해야 하는가? 결국 그는 어떤 정보도 듣지 못할 것이다. 이것이 바로 웃다가 일을 망치는 형국이다.

마지막에 다시 어색함으로 화룡점정하라

협상 전략 중에 처음과 끝에 어색함을 사용하는 것이 있다. 어색함으로 '화룡점정' 한다는 것은 무슨 말일까? 즉 당신이 이런 계략을 써서 부하직원으로 하여금 이 부분을 모두 말하도록 하지만, 여전히 그가 무슨 말을 하고 있는지 모르겠다면, 당신은 그에게 "김 대리, 도대체 무슨 말을 하고 싶은 겁니까?"라고 물어봐서는 안 된다. 그러면 그는 울분을 터뜨릴 것이다. "내가 도대체 무슨 말을 하고 싶으냐고요? 당신이 내 말을 전혀 듣고 있지 않으니, 더 이상 아무 말도 하고 싶지 않습니다." 그러나 당신도 그가 말하고자 하는 핵심이 무엇인지 확실히 모르기 때문에 그가 무슨 말을 하고 있는지 안다고 가정할 수는 없다. 그렇다면 어떻게 할까? 그가 말하고자 하는 핵심을 잡아내기 위한 방법으로 당신은 어색함을 이용해야 한다.

어색함은 진짜로 말을 하지 말라는 것이 아니라, 중얼중얼 혼잣말을 하거나 이렇게 중얼거리는 것이다. "어떻게 이럴 수 있단 말인가? 상부에 보고를 해야겠어. 이런 일은 처음 당하네." 그러면 상대방이 즉시 한두 마디를 보탤 것이다. "보세요. 돈이 어떻게 충분합니까? 그리고 인원 배치도 불합리하잖아요." 이 한두 마디가 그가 진짜 하고 싶었던 말이다. 이것이 바로 '화룡점정' 하는 것이다.

당신이 상대방으로부터 진짜 원하는 것을 듣고 싶다면, 처음에 어색함을 사용하고 마지막에도 어색함을 사용해야 한다.

사례

당신의 동료가 봄 휴가 때 일본에 가서 벚꽃을 보고, 그곳에서 사진을 많이 찍어왔다고 하자. 그는 사무실에 사진을 갖고 와서 혼잣말로 "야, 일본 벚꽃은 정말 아름다워!"라고 말하고는 주위를 둘러보지만, 아무도 그를 상대해주지 않는다. 다시 한 번 "정말 예쁘다"라고 말하고, 또 한 번 돌아보지만 여전히 아무도 관심이 없다. 이쯤 되자 그는 흥미를 잃고서 "동료애라고는 전혀 없어"라고 생각하며 더 이상 사진을 사무실에 가져오지 않는다.

바로 이런 사람한테 방금 말한 것을 테스트해볼 수 있다. 조금 전에 배운 계략을 사용하여, 그가 일본에 가서 어떤 것들을 보았는지 한번 들어보라. 그러면 당신은 그가 말하려고 하지 않았던 일까지 많은 것을 알아낼 수 있다.

어색함으로 시작하라

주동적으로 말해 상대방의 말을 끌어내라

상대방 말의 형용사를 잡아라

두 번째 들을 때 다시 메모하라

당신이 뭐든지 알고 있다는 표시를 내지 마라

웃다가 일을 망치지 않도록 조심하라

마지막에 다시 어색함으로 화룡점정하라

4 상대의 마음을 사로잡을 수 있게 말 잘하는 기술

상대방에게 질문하고 경청하는 것만큼이나 까다로운 것이 있다. 어떻게 말하는가다. 어떻게 해야 자신의 의견을 분명하게 표현할 수 있을까?

어떻게 해야 자신의 의견을 분명하게 표현할 수 있을까?

상대방이 듣기와 보기 중 어느 것을 좋아하는지 관찰하라

말하기에서 중요한 점은 강조 포인트가 있어야 한다는 것이다.

당신은 자신이 듣는 스타일인지, 보는 스타일인지를 생각해본 적이 있는가? 마찬가지로 이런 관점에서 다른 사람의 특징을 파악해야 한다. 예를 들어 상대방이 "듣고 보니 매우 이치에 맞네요"라고 말하는지, 아니면 "보아하니 매우 이치에 맞네요"라고 말하는지를 살펴보라. 그가 항상 "보아하니 매우 이치에 맞네요"라고 말한다면, 그는 보는 것을 좋아한다는 뜻이고, "듣고 보니 매우 이치에 맞네요"라고 말한다면, 듣기를 좋아한다는 표시다.

예컨대 내가 당신의 사장이나 고객이라고 해보자. 당신이 나에게 한 가지 제안을 하려고 할 때, 내가 보는 것을 좋아한다면 당신은 제안서를 아주 보기 좋게 쓰고 인쇄도 깔끔하고 아름답게 해야 할 뿐만 아니라 틀린 글자가 있어서는 안 된다. 특히 오자는 전체 이미지에 나쁜 영향을 주게 된다. 그리고 나는 아마도 저녁에 집에 돌아와서 음악을 듣고 차를 마시며 당신이 쓴 제안서를 읽어볼 것이다.

만약 상대방이 듣기를 좋아한다면, 상대방의 귀 옆에서 말해야 한다. 그에게 말을 할 때는 반드시 강조 포인트가 있어야 하며 빙빙 둘러서 말을 해서는 안 된다. 그렇지 않으면 아주 복잡하게 될 수도 있다.

당신이 고객의 사무실에 갔을 때, 칠판이 걸려 있다면 그 고객이 그림을 통해 정보를 얻는 데 익숙하다는 것을 염두에 두어야 한다. 칠판에 무엇이 적혀 있는가? 깨알 같은 글씨로 적는 것이 아니라 분명 스케줄표나 조직 구성표와 같은 그림이 그려져 있을 것이다. 그는 빽빽하게 적힌 글보다는 한눈에 볼 수 있는 도표를 더 좋아하는 사람이다.

그러므로 협상에서는 상대방이 듣는 것을 좋아하는지 보는 것을 좋아하는지를 살펴보아야 한다.

강조 포인트가 있어야 한다

나는 사람들에게 소통을 가르칠 때, 처음에는 어떻게 입을 여는지를 가르치고, 그런 후 다시 어떻게 입을 다무는지를 가르친다. 말을 못하는 사람은 똑같은 말을 자주 반복하고, 강조 포인트 역시 뚜렷하지 않다. 강조 포인트는 처음이 아니라 끝에 두는 것이 좋다. 어떤 협상이든지 당신의 강조 포인트를 돋보이게 해야 한다. 일단 이야기를 꺼냈지만 모두들 당신이 앞에서 말한 것에 대해 이해하지 못한다면, 당신이 자세히 설명해야 한다. 이때 지나치게 길게 말해서는 안 되고, 상대방이 이해했다고 판단되면 마무리를 지어야 한다. 이렇게 하면 상대방의 머릿속에 그 이야기가 오랫동안 맴돌게 된다. 만약 당신이 마지막에 "제 이야기는 이것으로 끝입니다"라고 말하고, 마지막에 한두 마디를 보충하게 되면 그 말은 강한 인상을 주지 못한다.

그러므로 말에는 강조 포인트가 있어야 하며, 강조 포인트가 무엇인지를 분명히 알아야 한다. 뿐만 아니라 설사 당신의 학식이 풍부하다 해도 한 번에 너무 많은 것을 말해서는 안 된다. 그렇게 되면 사람들은 당신 말을 듣고도 이해하지 못하게 된다.

증거가 있어야 한다

어떤 말을 하든지 증거가 있어야 한다. 다시 말하면 증거를 갖고서 자신의 입장을 견지해야 한다는 것이다. 협상을 할 때 어떠한 요구든지 모두 지탱할 만한 기둥이 있어야 한다. 비즈니스 협상을 할 때 지탱할 만한 기둥도 없이 터무니없이 비싼 값을 부른다면 상대방은 가격을 깎으려 할 것이다. 당신이 회사 내부에서 어떤 방안을 제시할 때도 당신의 입장을 견지할 만한 증거가 필요하다. 예를 들어, 상대방은 아마도 당신에게 다음과 같이 물을 것이다. "당신이 제시한 의견과 우리 쪽 의견이 다릅니다. 실례지만 당신은 어떤 근거에서 그런 조건을 제시하는 건지요? 당신의 입장을 뒷받침해줄 만한 데이터가 있습니까?" 물론 당신이 사용한 데이터에 오류가 있어서는 안 된다. 어떤 사람은 다음과 같이 교묘하게 변명할 수도 있다. "내가 사용한 데이터에 비록 착오는 있지만, 내 결론의 정확성에는 영향을 미치지 않았다." 이 말은 논할 가치도 없는 것으로, 당신이 처음부터 끝까지 신중하지 못했기 때문에 당연히 결론에도 부정적인 영향을 끼치게 될 것이다.

당연하다고 생각하지 마라

위치우위(余秋雨, 중국 문화사 학자로, 1990년대 들어서 중국에서 가장 주목받는 수필가 중 한 명—옮긴이)가 쓴《상냉장하(霜冷長河)》는 중년의 처량한 심정을 가진 사람이 보기에 아주 적절한 책이다. 친구에 관한 글이 한 단락 나오는데, 내가 아주 공감하는 부분이다. 그는 왜 어떤 친구들은 아주 연약할까 곰곰이 생각해보았는데, 그 중

하나가 당연하게 생각하기 때문이라는 것이다. 당신은 그 친구와 알고 지낸 지 하루 이틀이 아니라서 어떤 이야기는 굳이 말로 할 필요가 없고 당연히 알아야 한다고 생각한다. 하지만 세상에는 당신이 생각하는 것처럼 당연한 일이 그다지 많지 않다. 분명하게 말하지 않으면, 다른 사람들이 모르는 경우가 많다. 그러므로 당연하게 생각하지 말고, 분명하게 말해야 한다.

구어와 문어의 운용

구어와 문어의 운용에도 약간의 요령이 필요하다. 사람들은 보통 35세를 인생의 분수령으로 삼는다. 35세는 정신연령을 가리킨다. 어떤 사람은 실제 나이는 35세이지만, 정신연령은 여전히 15세에 멈춰 있는 경우도 있기 때문이다. 일반적으로 35세 이전에는 소통을 '기교'라고 하고, 35세 이후에는 소통을 '지혜'라고 한다. 35세 이전에는 구어를 많이 쓰지만 35세 이후에는 문어를 많이 사용해서 절반만 말하고 일일이 설명하지 않아도 상대방이 이해하게 된다.

내가 한 이야기를 피부로 느낄 수 있다면, 그것은 당신이 "설명하지 않아도 상대방이 이해한다"는 것이 무슨 뜻인지 안다는 얘기다. 내가 한참을 말했는데도 여전히 이해할 수 없다면, 그것은 당신이 아직 젊거나 희망이 넘친다는 것을 뜻하고, 결국 언젠가는 이해하게 될 것이다. 한 가지 예를 들어보겠다.

그리스의 한 여성이 쓴 책에 나오는 이야기다. 그녀가 어릴 때 그녀의 아버지는 한번도 "No"라고 이야기한 적이 없었지만, 그녀는 아버지가 하는 말 속에서 언제가 "No"이고 언제가 "Yes"인지를 알았다고 한다.

한번은 그녀가 아버지에게 "저 어떤 모임에 참가하고 싶어요"라고 말했다.

가도 된다고 생각하면 아버지는 이렇게 말했다. "당연히 가도 되지." 반면 가서는 안 된다고 판단이 될 때에는 이렇게 말했다. "네가 정말 가고 싶다면 가거라." 그녀는 그것이 "No"의 뜻이라는 것을 알았다. 그런데도 정말 가고 싶어서 결국 가게 되면, 집으로 돌아와서는 한동안 죄책감에 빠지게 되고, 그 때문에 최선을 다해 '착한 딸'이 되도록 노력하다 보니 부녀관계가 매우 훌륭하게 유지되었다.

당신의 딸이 어떤 모임에 나가고 싶어하는데 당신은 허락하고 싶지 않다. 이때 당신은 딸에게 구어로 말할 것인가, 아니면 문어로 말할 것인가? 당신이 권위 있는 아버지라면 딸은 "가지 마라"는 말을 고분고분 들을 것이다. 그렇지 않고 당신이 무조건 "가서는 안 돼"라고 말하면, 아마 대문을 넘어서라도 나가버릴 것이다. 만약 당신이 말 한마디로 딸을 집에 있게 할 자신이 없다면, 가장 좋은 방법은 문어로 말하는 것이다. 예를 들면, 당신은 "만약 네가 정말 가고 싶다면 가라"고 말할 수 있다. 그랬을 때 딸이 정말 간다면 "내 의사를 분명하게 말하지 않았기 때문에 별로 체면이 깎인 것도 아니다"라고 스스로를 위로할 수 있다. 그런 말은 두 사람 사이에 완충지대가 되어 전환의 공간으로 삼을 수 있다.

사례

당신은 한 회사의 사장이고, 회장의 아들을 부하직원으로 두고 있다고 해보자. 하루는 그가 "외국에서 열리는 회의에 참석하려고 하는데 가도 되겠습니까? 아버지는 가도 된다고 하셨지만, 우선 사장님께 물어보라고 하셨습니다"라고 말했다.

무척 고약한 상황이다. 회장은 된다고 허락했지만 당신은 그를 보내고 싶지 않다면, 어떻게 해야 할까?

"당연히 가도 됩니다"라고 말할 수는 없지만 "정말 가야 할 필요가 있다고 생각하면 가세요"라고 말할 수는 있다.

종종 적절하게 말할 방법이 없을 때에는 문어로 말하면 된다.

사례

예전에 타이완에 린양강(林洋港)이라는 유명한 인물이 있었는데, 타이완의 주석으로 있을 때, 장징궈(蔣經國)와 함께 난터우(南

投)를 순시한 적이 있었다. 그때 한 촌장이 뛰어와서 장징궈에게 "각하, 이곳은 교통이 너무 불편합니다. 정부 지원금으로 다리를 고쳐줄 수는 없겠습니까?"라고 말했다.

장징궈는 "내 자리가 비록 높긴 하지만, 그것은 지방자치단체에서 처리할 사항입니다. 규정에 따르면, 지방정부가 돈을 지출해야 하고, 지방정부가 돈이 없다면 다시 정부가 지원을 해야 합니다. 미안하지만 당신 부탁을 들어줄 수가 없습니다. 우리는 그쪽의 지휘계통을 존중해야 합니다. 그렇지만 정상적으로 지원금이 나와서 다리가 잘 보수된다면, 기꺼이 다리 이름을 지어주고 싶군요. 오늘 기왕 온 김에 우선 이름이나 지어드리죠"라고 말했다. 그러고는 큰 붓으로 '용문교(龍門橋)'라고 적었다.

린양강은 후에 그의 책에서 이 일을 언급하며, 장징궈의 방법을 매우 높이 평가했다. "그가 이미 다리의 이름을 지어주었는데, 내가 어떻게 다리 짓는 돈을 지원해주지 않을 수 있겠는가?"

이것이 바로 중국인의 지혜로, 제도를 존중하면서도 누가 진정한 사장인지를 알려주는 것이다. 만약 당신이 이 말을 이해하지 못한다면, 직장에서 성과를 내기가 힘들 것이다.

"중국인이 말하는 것은 절반은 듣기에 달려 있고, 절반은 묵계에 달려 있다"라는 말은 바로 이런 뜻이다. 그래서 우리는 어떤 경우에는 너무 분명하게 말해서는 안 되며 적당한 선에서 그쳐야 할 때가 있다. 물론 당신이 문어로 말해도 다른 사람들이 알아들을 수 있도록 해야 한다. 상대방이 알아듣지 못한다면, 당신이 그만두려고 해도 그만둘 수가 없게 된다.

다른 사람을 통해 말을 전하지 마라

다른 사람을 통해 말을 전하는 것은 힘든 일이다. 부하직원이 당신의 말을 정확하게 전달하는지 확신할 수가 없기 때문이다. 어떤 사람은 "다른 사람을 앞세워 먼저 큰소리를 치고 난 후에 내가 나와서 부인하면 된다"라고 말한다. 어떤 사람들은 이렇게 장난칠 수도 있다. 먼저 언론매체에 정보를 흘려놓고 보는 식이다. 그렇게 해서 일단 보도가 되면 후에 누군가가 이것에 대해 조사를 진행할 것이고 그들은 결국 아무것도 밝혀진 바가 없으므로 논평할 내용이 없다고 발표한다.

그러나 기업 내부 협상에서 이런 방법을 사용한다면 다소 위험하다. 아랫사람이 당신의 말을 전할 경우 당신의 뜻이 왜곡되거나 잘못 전달될 수도 있기 때문이다. 그렇게 되면 뒷일이 어떻게 될지 모르므로 그런 방법은 쓰지 않는 것이 좋다.

바꾸어 말하면, 다른 사람을 통해 전해 들은 말을 곧이곧대로 받아들여서는 안 되며, 반드시 자신의 감정을 제어해야 한다. 당신이 외출했다가 회사로 돌아왔는데 비서가 "아까 사장님이 안 계실 때 누군가 전화를 걸어왔는데 너무 예의 없이 굴어서 화가 나 죽는 줄 알았습니다"라고 말한다. 당신은 매우 화를 내며 "내가 없다고 감히 내 밑에 있는 사람을 무시해?"라고 말할 것이다. 그리고 상대방에게 전화를 걸어 따진다. 하지만 알고 보니 그는 전혀 그런 뜻이 아니었다. 물론 비서가 고의로 왜곡하거나 거짓으로 소식을 전했다기보다는 단지 잘못 생각했을 뿐이지만 당신이 그 사실을 인지했을 때에는 이미 늦은 상황이다.

어떤 말은 함부로 전달해서는 안 되며 당사자에게 직접 들은 것이 아니면 모두 진실이 아니다.

누군가가 당신에게 "어떤 사람이 뒤에서 사장님 욕을 하고 있습니다"라고 말한다고 해도 그 말에 반응할 필요가 없다. 일단 반응하게 되면 모든 일을 제대로 통제할 수 없게 된다.

▨ 그림 1-5 ▨ 어떻게 의견을 분명히 나타낼 것인가?

상대방이 듣기와 보기 중 어느 것을 좋아하는지 관찰하라

말에는 강조 포인트가 있어야 한다

증거가 있어야 한다

당연하다고 생각하지 마라

구어와 문어의 운용

다른 사람을 통해 말을 전하지 마라

좋은 소식과 나쁜 소식의 발표 순서

예를 들어 당신은 오늘 모 회사와 대화를 하거나 혹은 회사 내부에서 연설을 할 예정이다. 당신이 전할 얘기 중에 A, B, C, D, E, F, G 일곱 가지 소식이 있다고 하자. 이 소식들을 어떻게 배열할 것인가? 회사 내부의 구체적인 상황에 근거하여 다음 그림의 네모 안에 이야기할 순서를 배열해보라.

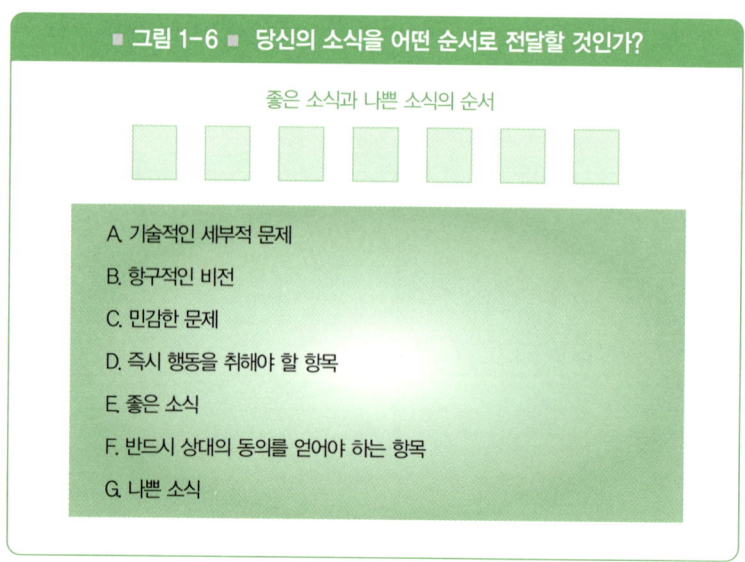

■ 그림 1-6 ■ 당신의 소식을 어떤 순서로 전달할 것인가?

좋은 소식과 나쁜 소식의 순서

A. 기술적인 세부적 문제
B. 항구적인 비전
C. 민감한 문제
D. 즉시 행동을 취해야 할 항목
E. 좋은 소식
F. 반드시 상대의 동의를 얻어야 하는 항목
G. 나쁜 소식

좋은 소식 : 유쾌한 분위기

누군가 당신한테 묻는다. "나에게 두 가지 소식이 있어. 하나는 좋은 소식, 하나는 나쁜 소식. 당신은 어느 쪽을 먼저 듣고 싶어?" 일반적으로는 좋은 소식을 먼저 들을 것이다.

상대방과 교류할 때, 좋은 소식을 먼저 말하면 상대방은 매우 기뻐하지만, 나쁜 소식을 먼저 말하고 그 다음에 좋은 소식을 말하면 그다지 좋아하지 않는다. 좋은 소식의 효과가 떨어지는 것이다.

나쁜 소식: 솔직하게 말하고 만나라

나쁜 소식을 전할 때에는 너무 잘난 체하거나 티를 내어서는 안 된다. 반드시 먼저 좋은 소식을 전한 뒤 나쁜 소식을 전해야 하는데 주의해야 할 점이 있다. 나쁜 소식을 말할 때에는 단계적으로 말해야 한다는 것이다.

사례

당신이 공장을 경영하는데, 오늘 한 노동자가 갑자기 사고로 죽었다면, 그의 가족에게 어떻게 통보할 것인가?

그의 가족에게 이 불의의 사고 소식을 직접 전할 경우 대개는 아침에 멀쩡하게 걸어 나간 사람이 저녁에 죽어서 돌아왔다는 사실을 도저히 받아들일 수 없을 것이다. 그러므로 강도를 조절해서 전해야 한다. 가족들에게 "공장에 약간 일이 생겨서 아드님이 중상을 입었습니다. 그렇지만 지금 병원에서 응급조치를 받고 있으니 안심하십시오"라고 말할 수 있다. 그리고 시간이 조금 지나서 가족들에게 그가 회복되지 못했다고 말하면, 가족이 느끼는 마음의 충격을 조금은 완화시킬 수 있을 것이다.

그런데 이러한 일이 발생했을 때 소홀히 하는 것이 있다. 그들 집에 다섯 식구가 있다면, 회사는 성의를 표시하기 위해 다섯 명의 직원을 파견해서 한 사람씩 지켜보고 장례를 잘 치르도록 해야 한다. 그렇게 해서 가족들을 잘 위로해야 할 뿐만 아니라, 경쟁 상대가 방해하는 것을 막아야 한다.

이러한 불상사가 언론에 보도되는 것에도 주목해야 한다. 특히 인터넷을 얕보아서는 안 된다. 요즘 네티즌들의 위력은 대단하다. 어떤 소식이든지 인터넷에 퍼지게 되면 그 힘을 막을 도리가 없다. 당신 공장에 어떤 문제가 있다는 것이 일단 밖으로 퍼져나가게 되면, 사건은 일파만파가 된다. 당신은 책임을 벗어날 기회조차 없이 회사의 존망을 걱정해야 하는 상황에 처할 수도 있다.

나도 이러한 영향을 받은 적이 있다. 언젠가 내 수강생 중 한 명이 이메일을 보내와서, 어떤 브랜드의 생수가 좋다고 말했다. 나는 이렇게 널리 알려진 브랜드라면 당연히 좋을 것이라고 생각해서 그 브랜드의 생수를 자주 사 마시곤 했다. 그 후 다른 음료 회사에 강의를 나갈 일이 있었다. 그때 그 회사 사장에게 다른 회사의 어떤 브랜드도 품질이 좋고, 인터넷에서 모두들 그렇게 평가한다고 말하자, 사장은 웃으면서 말했다. "제가 다른 사람이 좋다, 나쁘다는 것에 대해 말할 필요는 없지만, 한 가지만 물어보겠습니다. 만약 그 회사의 물이 정말 좋다면 주유소에서 무료로 증정하겠습니까? 그들은 재고를 처리하기 위해 주유소에서 증정품으로 사용하는 것입니다." 나는 그에게 이렇게 말할 수밖에 없었다. "그 문제에 대해서는 생각해본 적이 없습니다.

그러나 많은 경우에 인터넷에 올라온 평판이 무척 중요합니다."

항구적인 비전: 감정을 희석시켜라

좋은 소식, 나쁜 소식을 모두 말하고 나서, 세 번째로 항구적인 비전을 제시할 수 있는데, 이것은 일반적으로 충돌을 일으키지는 않는다. 항구적인 비전을 제시하는 목적은 무엇인가?

예를 들어 배 사고가 나는 바람에 고객의 짐이 운송되지 못했다면, 당신은 어떻게 처리해야 할지 매우 긴장할 것이다. 이때에는 약간의 항구적인 비전을 말해서 상대방의 감정을 완화시킬 수 있다. 당신이 제시하는 계획이 원대할수록 상대방의 감정을 더 누그러뜨릴 수 있다. "비록 이렇게 되었지만 이게 새옹지마가 될 수도 있지 않겠습니까? 과거는 이미 지나갔고 앞으로 이렇게 해나가겠습니다." 상대방에게 큰 전망을 말하는 것은 감정을 누그러뜨리고 기대를 갖게 해준다. 상대방의 감정이 다소 안정이 되었을 때, 계속해서 기술적으로 세부적인 문제를 이야기해 나간다.

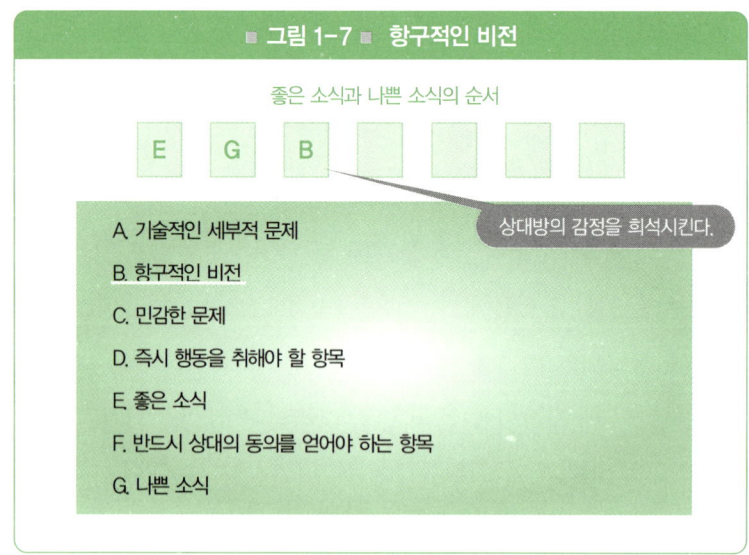

■ 그림 1-7 ■ 항구적인 비전

좋은 소식과 나쁜 소식의 순서

| E | G | B | | | | |

상대방의 감정을 희석시킨다.

A. 기술적인 세부적 문제
B. 항구적인 비전
C. 민감한 문제
D. 즉시 행동을 취해야 할 항목
E. 좋은 소식
F. 반드시 상대의 동의를 얻어야 하는 항목
G. 나쁜 소식

기술적인 세부적 문제: 땅에 뿌리내리기

이 부분을 얘기하자면, 바로 상대방의 감정을 다시 끌어와야 한다. 항구적인 비전을 제시한 후, 상대방이 여전히 하늘에서 표류하고 있고 있다면, 다시 땅으로 끌어내려야 한다. 상대방의 감정을 끌어내리는 것은 곧 기술적인 문제를 이야기하는 것이다. 예를 들면, 우리의 차가 어떻게 움직여야 하는지, 우리의 물류가 어떻게 배송되어야 하는지, 우리 컴퓨터를 어떻게 설치해야 하는지 등이다. 이런 이야기를 하면 그는 다시 땅으로 돌아오게 된다. 그리고 이렇게 생각할 것이다. "만약 이렇게 되면, 우리는 어디서부터 손을 써서 물류를 시작하지? 트럭은 몇 대를 구입해야 하지? 냉동용 차량이 필요한가 아니면 냉장용 차량이 필요한가? 차는 어떻게 운행해야 하는가?"

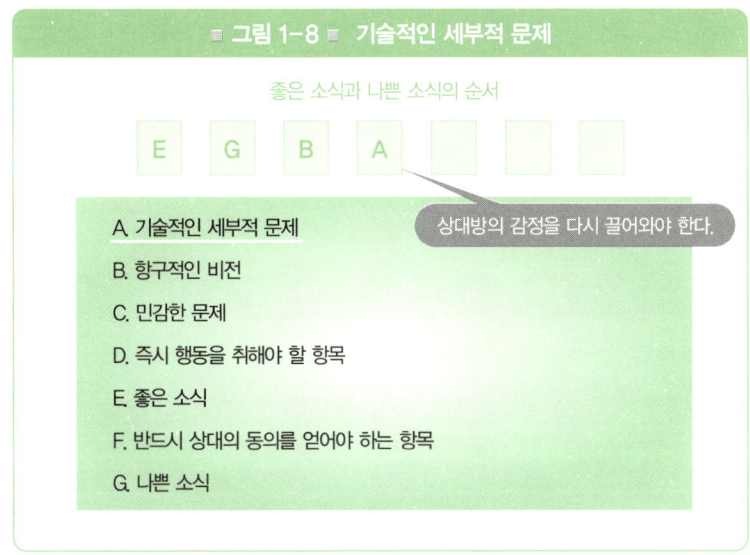

그림 1-8 기술적인 세부적 문제

좋은 소식과 나쁜 소식의 순서

| E | G | B | A | | | |

A. 기술적인 세부적 문제

상대방의 감정을 다시 끌어와야 한다.

B. 항구적인 비전

C. 민감한 문제

D. 즉시 행동을 취해야 할 항목

E. 좋은 소식

F. 반드시 상대의 동의를 얻어야 하는 항목

G. 나쁜 소식

민감한 문제: 수박 겉핥기

이어서 민감한 문제를 이야기할 수 있다. 일부 문제에 대해 어떤 경우에는 매우 민감할 수 있다. 예를 들어 과거에 어떤 물건에 대해 이야기한 적이 있는데 그때 약간의 문제가 있었다고 해보자. 그런데 시간이 흘러 서로 협력해야 하는 상황에서 그 문제를 회피하고 넘어가면 사람들의 마음에는 여전히 앙금이 남아 있게 된다. 그렇다고 지금 당장 이야기하자니, 해결될 기미가 보이지 않는다. 이런 경우에는 잠시 미루어두었다가 다시 이야기하는 것이 좋다. 하지만 이것이 결코 문제를 회피하려는 것이 아니라는 점을 분명히 밝힌다.

당신은 이렇게 말할 수 있다. "솔직히 말해 지난번 당신 회사의 납품지연 문제는 좀 심각했습니다. 그러나 우리 회사는 다른 방법으로 해결했지요. 이 문제에 대해서는 조금 있다가 다시 이야기하고, 우선 다른 의제부터 이야기합시다." 비교적 민감한 문제는 합의를 이루기가 매우 힘들지만, 그렇다고 덮어둘 수도 없기 때문에 잠시 미루었다가 나중에 다시 이야기하는 것이 좋다.

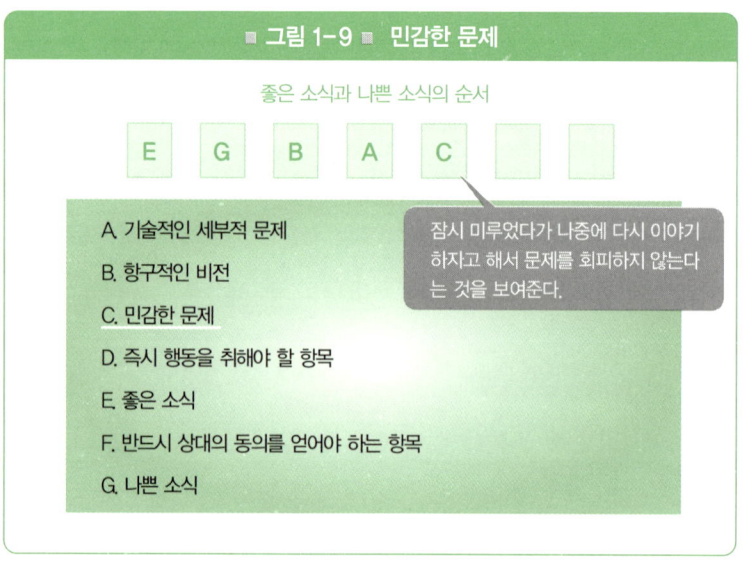

■ 그림 1-9 ■ 민감한 문제

좋은 소식과 나쁜 소식의 순서

E G B A C

A. 기술적인 세부적 문제

잠시 미루었다가 나중에 다시 이야기하고 해서 문제를 회피하지 않는다는 것을 보여준다.

B. 항구적인 비전

C. 민감한 문제

D. 즉시 행동을 취해야 할 항목

E. 좋은 소식

F. 반드시 상대의 동의를 얻어야 하는 항목

G. 나쁜 소식

상대가 동의하는 항목을 얻어라: 작은 것도 성취한 것이 있다

상대가 동의하는 항목을 얻는다는 것은 무슨 뜻인가? 한 가지 협의 사항을 갖고 협상 테이블에서 내려오라는 뜻이다. 정상적인 협상에서는 모든 사안에서 협의를 얻어내려고 한다. 상대가 동의하는 항목을 얻는 것은 일반적으로 그다지 어렵지 않은 문제들이다. 그다지 어렵지 않은 문제란 무엇인가? 몇 가지 예를 들어보겠다.

만약 오늘 당신이 협상에서 큰 성과를 내지 못했다면, 상대방에게 이렇게 이야기할 수 있다. "우리가 비록 지금은 의견 일치를 보지 못했지만, 오후 미팅을 통해 서로의 입장을 더욱 잘 알 수 있을 것입니다. 우리에게 조금 더 시간을 주신다면 양측 모두 받아들일 수 있는 방안을 찾을 수 있을 겁니다. 우리 다음 주 수요일 오후 2시에 다시 이야기하는 것은 어떻습니까?" 이것이 바로 협의다.

"우리 다음 주 수요일 오후 2시에 다시 이야기하는 것은 어떻습니까?"라고 말하는 것이 바로 상대가 동의하는 항목을 얻는 것이고, 그다지 어렵지도 않은 문제다.

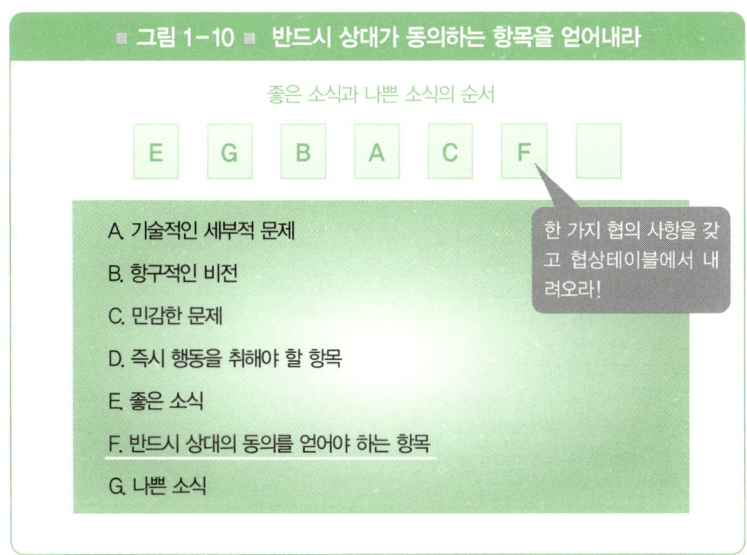

■ 그림 1-10 ■ 반드시 상대가 동의하는 항목을 얻어내라

좋은 소식과 나쁜 소식의 순서

E G B A C F

한 가지 협의 사항을 갖고 협상테이블에서 내려오라!

A. 기술적인 세부적 문제
B. 항구적인 비전
C. 민감한 문제
D. 즉시 행동을 취해야 할 항목
E. 좋은 소식
F. 반드시 상대의 동의를 얻어야 하는 항목
G. 나쁜 소식

즉시 행동을 취해야 할 항목: 본질로 돌아가라

협상에서 당신은 상대방이 즉시 행동을 취해야 할 항목을 언급

해야 한다. 그렇게 해야 상대가 무엇을 해야 할지 분명히 기억할
수 있다. 예를 들어, 당신이 상대방을 찾아가면 그는 "용무가 있어
찾아왔을 텐데, 무슨 일이 있습니까? 어서 말해보세요"라고 말할
것이다. 당신은 "제가 이러이러한 것을 하는 데 도움을 주셨으면
합니다"라고 말한다. 이렇게 해서 상대방의 행동을 이끌어내야 하
는 것이다.

  그렇지만 상대방은 이렇게 물을 것이다. "내가 왜 당신을 도와
야 하죠?" 그러면 당신은 이유를 설명하기 시작한다. "왜냐하면
우리는 서로 협력하고 싶어하기 때문입니다. 왜냐하면……." 하
지만 당신의 말이 길어질 경우 상대방은 당신의 부탁을 잊어버리
기 쉽다. 따라서 당신은 상대방에게 요구하는 바를 맨 마지막에 꺼
내야 한다.

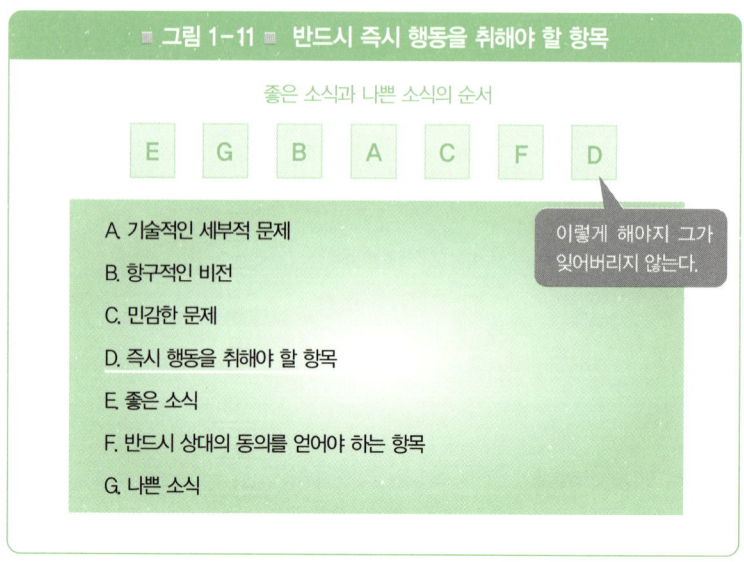

■ 그림 1-11 ■ 반드시 즉시 행동을 취해야 할 항목

좋은 소식과 나쁜 소식의 순서

| E | G | B | A | C | F | D |

A. 기술적인 세부적 문제
B. 항구적인 비전
C. 민감한 문제
D. 즉시 행동을 취해야 할 항목
E. 좋은 소식
F. 반드시 상대의 동의를 얻어야 하는 항목
G. 나쁜 소식

이렇게 해야지 그가
잊어버리지 않는다.

결론적으로 좋은 소식은 먼저 말해야 하지만 억지를 부려서는 안 되고, 너무 경솔해서도 안 되며, 상대방으로 하여금 계략을 쓰고 있다는 느낌이 들지 않도록 해야 하고, 마지막에 나쁜 소식을 전해야 한다. 나쁜 소식을 전하고 나서는 희망을 말하라. 협력하고자 하는 희망으로 그의 감정을 희석시켜라. 희망을 이야기하고 나서는 다시 상대를 기술적인 문제에 대해 이야기할 수 있도록 끌어내야 한다. 거북하고 민감한 문제는 우선 넘겨라. 그런 후 합의사항을 갖고 협상 테이블에서 내려온다는 것을 기억해야 하며, 마지막에 상대방이 해주었으면 하는 바를 제기한다.

어떤 사람은 자주 이렇게 묻는다. "저는 매번 일곱 가지 정보가 모두 있다고는 보지 않습니다. 매번 나쁜 소식이 있는 것이 아니라면 어떻게 해야 합니까?" 없다면 그 항목을 삭제하라. 반드시 일곱 가지 정보를 모으라는 것이 아니라 그 논리를 배워야 한다는 것이다.

대외적인 설명을
어떻게 진행해야 하나?

당신은 어떤 경우에는 상대방을 설득해야 하고, 어떤 경우에는 회사를 대표하여 대외적인 발언을 해야 할 때가 있다. 당신은 이런 방면에 두루 능해야 한다.

주동적으로 발언하고, 매체를 끌어들여라

당신 회사는 어떤 소식을 발표할 때, 보통 누구를 찾는가? 아마도 언론매체일 것이다. 당신은 대외적으로 상품을 발표할 때 반드시 매체를 유도해 나가야 하며, 주도적으로 발언을 해야 한다. 그렇지 않으면 상대가 기회를 틈탈 수 있다. 왜냐하면 언론매체는 기회만 있으면 그것을 이용하고, 각종 뉴스를 취재하는 게 일이기 때문이다. 미국 백악관은 자신들의 의견이 충분히 언론에 공개되도록 보장받기 위해 다음과 같은 방법을 사용한다.

사례

미국 백악관이 모 방면의 어떤 소식을 갖고서 기자회견을 열었는데, 가장 영향력 있는 언론매체 다섯 곳 가운데 네 곳만 불렀다. 기자회견 후, 네 매체는 모두 이번 기자회견과 관련된 보도를 하지만, 전문을 그대로 실어주는 것은 아니다.

기자회견에서 제외된 언론매체는 이 사실을 알고서 매우 화가 났다. "기자회견을 하면서 어떻게 우리를 부르지 않을 수 있습니까? 이건 불공평합니다."

백악관에서는 이렇게 말한다. "아이쿠, 부하직원이 도대체 일을 어떻게 하는 거지? 이렇게 합시다. 보상 차원에서 당신에게 독점 기사를 주겠습니다."

그렇게 해서 다섯 번째 언론은 나머지 네 곳과 차별화되기 위해 백악관에서 하는 말을 빠짐없이 실어줄 것이다.

그럼 당신이 대변인이라면 어떻게 매체를 유도해야 하는가?

회사에 어떤 상황이 발생했다면, 당신은 반드시 발언해야 하고 매체를 유도해야 할 것이다. 예를 들어, 한두 시간마다 한 번씩 뉴스 발표를 한다. 매체가 무엇에 관심이 있는지를 알아야 하며, 언론 '시중들기'를 잘해야 한다. 기자들이 회사에 불리한 보도를 마음대로 쓰게 되면 뒷감당을 하기가 만만치 않을 것이다.

만약 당신 회사가 언론에 보도를 부탁하는데, 기자가 당신 회사 안에서 원고를 작성하고, 기사 송고를 해야겠다면, 기자실 내에 인터넷 설비, 음료수, 도시락, 복사기 등을 완벽하게 갖추어야 한다. 조금이라도 부족한 점이 있다면, 그가 기사를 어떻게 쓰게 될지는 단언하기 어렵다.

위기를 차단하라

어떤 위기 처리나 대외 소통에서 가장 염려되는 것은 위기 연발탄이다. 한 가지 예를 들어보자.

사례

당신 회사에서 생산하는 생수에서 이물질이 발견되었다. 이 때문에 기자가 전화를 걸어왔는데, 마침 김 대리가 받았다.

기자는 "생수에서 이물질이 발견된 것에 대해 어떻게 생각합니까?"라고 물었다.

만약 이 일에 대해 아직 대답할 준비가 되어 있지 않다면, 김 대리는 이렇게 말할 것이다. "그 일에 대해 제가 아는 것은 별로 없지만, 기왕 전화를 하셨으니, 한 가지 일을 알려드리죠. 우리 회사에 또 별로 좋지 않은 일이 있는데……" 이것을 가리켜 연발탄이라고 한다.

어떤 사람은 말을 잘하지 못하기 때문에, 다른 사람에게 많은 일을 누설하고 만다. 일단 회사에 불명예스러운 꼬리표가 붙게 되면, 그것을 바꾸기란 매우 어렵다. 그러나 모든 직원들이 회사에 절대적으로 충성하며, 밖으로 회사 일을 절대 발설하지 않을 것이라고 장담할 수는 없다. 기자의 취재를 피하기 위해서는 반드시 통제할 수 있어야 하고, 주도적으로 발언해야 한다. 그래서 위기를 차단하는 것이 매우 중요하다.

간결하고 일관되게 진술하라

모든 대외적 발언에서는 간결하고 일관되게 하나의 이유만 말하는 것이 좋다. 여러 가지 이유를 제시하다 보면 허점을 보이게 된다. 매번 이유를 바꾸다 보면, 스스로 모순이 생겨서 결국에는 논리에 맞지 않는 말을 하게 된다.

상대방이 믿고 안 믿고는 중요하지 않다. 간결하고 일관된 하나의 이유를 주면 실수하지 않게 된다는 점이 중요하다. 또한 그렇게 해야 다른 사람들도 상황을 쉽게 수긍할 것이다. 예를 들어, 다른 사람들이 당신의 회사가 어떤 조치를 취하고 있는지 궁금해한다면, "마침 독자적으로 조사를 하고 있습니다"라고 알려주어야 한다.

일반적으로 회사에 곤란한 상황이 생겼다면, 외부 사람들이 언제든지 회사 대변인에게 문의 전화를 할 수 있도록 하고, 또한 언제든지 누군가 전화를 받을 수 있도록 준비해야 한다. 이를 통해 "우리도 이 일에 매우 관심을 갖고 있으며 최선을 다하고 있다"는 태도를 보여주어야 한다.

일보다 사람에게 관심을 가져라

우리는 종종 일이 아니라 사람에 관심을 가진다.

예를 들어, 오늘 신문에서 무슨 제도가 바뀌었다든지, 어디서 무슨 일이 생겼다는 기사를 읽었다고 해도 전문가가 아니라면 관심 없이 흘려보낼 수 있다. 그러나 만약 그 신문에서 어떤 사람에 대한 뉴스나 누가 어떠하다는 기사가 보도되면, 사람들의 주목을 끌 것이다. 뿐만 아니라 "쓸데없이 참견하기는! 헛소리야!"라고 욕하면서도 여전히 볼 것이다.

사례

1984년 12월 4일 미국의 다국적 기업인 유니온카바이드가 인도의 보팔 시에 세운 현지 농약공장에 메틸이소시안이라는 독가스가 누출되는 사고가 발생했다. 그 사고로 12만 5천 명이 중독되고, 6495명이 사망했으며, 20만 명이 부상을 당하고, 5만 명이 넘는 사람이 평생 고통을 당해야 했다. 사건이 발생한 후, 유니온카바이드의 사장은 인도에 가서 조사에 참여했다. 그는 인도에 도착한 후 변명을 하기보다는 이 사고에 대해 깊은 관심을 표명했다. 그는 어떻게든지 도움을 제공하여 피해를 줄이려고 했으며, 그의 모든 행동들은 사람들의 관심의 대상이 되었다. 신문기자들은 그를 따라다니면서 취재했다. 그가 애도를 표하고 법정에 나가고 어떤 조치를 취할 때마다 뉴스거리가 되었다. 그는 회사의 입장을 해명하러 간 것은 아니었지만, 적절한 행보를 취함으로써 회사는 일정한 주도권을 가질 수 있었다.

특히 대중적인 사건이 터졌을 경우에는 신중하게 대처해야 한다. 누가 피를 흘리기라도 한다면 문제는 걷잡을 수 없이 커진다. 상처를 입고 피를 흘리게 되면 사건의 초점이 모호해질 수 있다.

일본인들은 대중적 충돌이나 활동이 예상될 경우 반드시 소방차, 구조차를 대기시켜둔다.

결론적으로 어떤 상황에서든지 사람과 관련된 일에 대해서는 반드시 조심해야 한다.

의제 설명권을 장악하라

의제 설명권은 협상을 할 때나 대외적 발언을 할 때 매우 중요하다. 의제의 설명권이란 한마디로 어떤 문제를 어떻게 자리매김하느냐는 것이다. 예를 들면 그것이 노사 문제인지, 아니면 복지 문제인지를 규정한 후, 외부와 접촉할 때 이러한 논리에 따라서 발언해야 한다.

고위 관리자들에게 의제가 어떻게 표현되고 설명되는지는 매우 중요하다. 왜냐하면 그의 대외적인 발언은 회사의 전체 발전과 이미지 등에 큰 영향을 끼치기 때문이다.

많은 회사들이 이러한 처리를 잘못해서 종종 일을 키우곤 한다. 대변인도 없고, 마침 사장은 회의를 주재하고 있어서 대외적으로 이야기할 사람이 없는 경우가 있다. 그러면 기자들은 스스로 뉴스거리를 찾으려 할 것이다. 그러므로 당신이 반드시 주도적으로 이야기해야 한다.

그런 후에 이 일이 단지 개별적 사건에 그칠 것인지, 아니면 다른 방면에 영향을 미칠 것인지를 살펴보아야 한다. 예를 들어, 공장에 어떤 누출 사건이 발생했다면, 일단 고객들에게 잘 설명해서 그들을 안심시켜야 한다. 고객들은 아마도 이번 누출 사건으로 인해 제품 생산이 어렵다고 판단해 주문을 취소할지도 모르기 때문이다. 고객들에게 직원을 파견해서 다음과 같이 해명해야 한다. "안심하십시오. 약속된 시간에 반드시 제품을 납품하겠습니다." 그 밖에 정부에도 사람을 파견해서 "안심하십시오. 저희 회사는 반드시 규정대로 처리해서 문제를 해결하겠습니다"라고 해명해야 한다. 아마도 몇 부류로 나누어 문제를 해결해야 할 필요가 있을 것이다.

위에서 언급한 대상 외에도 인터넷 매체 또한 무시할 수 없는 영향을 미치기 때문에 인터넷 전담자를 지정해야 한다. 많은 정보가 들어온 후에는 통제실에서 뉴스와 정보를 분류하고 분담시켜서 모든 것이 구체적으로 처리될 수 있도록 해야 한다.

회사의 대외 대변인과 위기를 처리하는 사람이 다른 경우가 많다. 대외 대변인이 위기 처리가 어느 정도까지 진행되었는지를 모를 경우 말과 행동이 다르다는 인상을 줄 수 있다. 그러므로 당신은 대외 대변인과 위기 처리자를 함께 불러 회의를 열고, 대변인은 어떻게 말해야 하고, 위기 처리자는 어떻게 해야 할 것인지를 분명히 해서 모든 직원들이 일사분란하게 행동하도록 해야 한다.

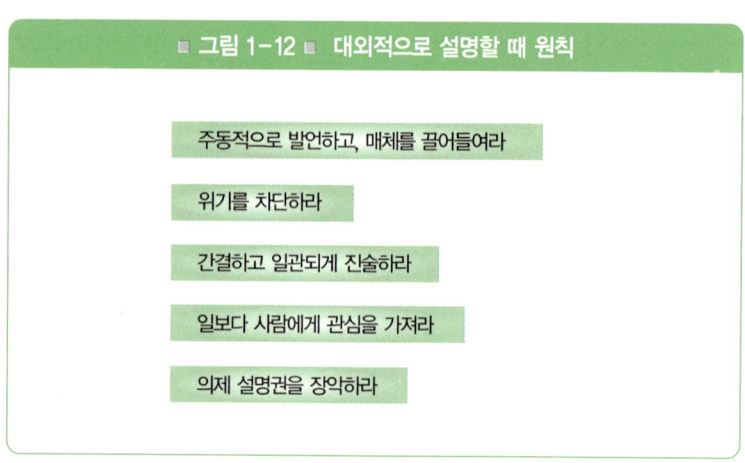

■ 그림 1-12 ■ 대외적으로 설명할 때 원칙

주동적으로 발언하고, 매체를 끌어들여라

위기를 차단하라

간결하고 일관되게 진술하라

일보다 사람에게 관심을 가져라

의제 설명권을 장악하라

그 밖에 주의할 점은 문제를 처리할 때 불안한 모습을 보여서는 안 된다는 것이다. 그렇지 않으면 회사 안에서 좋지 않은 현상들이 잇따라 벌어질 것이다.

결론적으로 대외적으로 설명을 할 때에는 이상의 몇 가지 원칙을 파악해야 한다. 그 중에서 사람과 관련된 일에는 특별히 주의

해야 한다. 전반적으로 일을 처리하는 데 인간미를 보여주는 것은 매우 중요하다. 인간미 없는 말은 절대 해선 안 된다. 예를 들어, "아이쿠, 어딘들 이런 일이 생기지 않겠습니까? 이러한 일은 그전에도 자주 있었습니다"는 식의 말은 인간미가 없는 사람으로 비치게 하므로 반드시 피해야 한다.

2

사무실에서 소통하고
협상하는 방법

협상의 종류와 단계를 인지하라 | 충돌은 주관적인 것인가, 객관적인 것인가?

충돌의 기폭점과 연소점을 명확히 하라 | 충돌의 매듭을 찾아라 | 사무실 내의 충돌을 어떻게 해결할 것인가?

먼저 당신의 감정을 조절하라 | 상대방의 감정을 어떻게 제어할 것인가?

COMMUNICATION

1 협상의 종류와 단계를 인지하라

협상의 대내외 구분

현대 직장인들의 협상에는 대내외 구분이 있다. 똑같은 충돌에 직면했을 때, 당신이 외부 사람과 협상한다면 열 가지 방법을 사용할 수 있지만, 회사 내부 동료에게는 다섯 가지 방법밖에 사용할 수 없다. 왜 그럴까? 나머지 다섯 가지 방법이 너무 가혹하기 때문이다. 당신과 협상 상대와의 관계는 당신이 사용할 수 있는 전술을 제약하기 때문에 협상학계에서는 협상을 대내 협상과 대외 협상으로 구분한다.

개인 대 외부 개인, 단체 대 외부 단체의 협상은 모두 대외 협상에 속한다. 대외 협상의 최대 장점이자 특징은 출구가 있다는 점이다. 출구가 있다는 것은 무슨 의미일까? 예를 들어 A와 B의 협상에서 의견 일치를 보지 못했다면, A는 바로 다른 사람과 이야기할 수 있다. 협상 상대가 이 관계에서 벗어날 수 있으므로 우리는 출구가 있다고 표현한다.

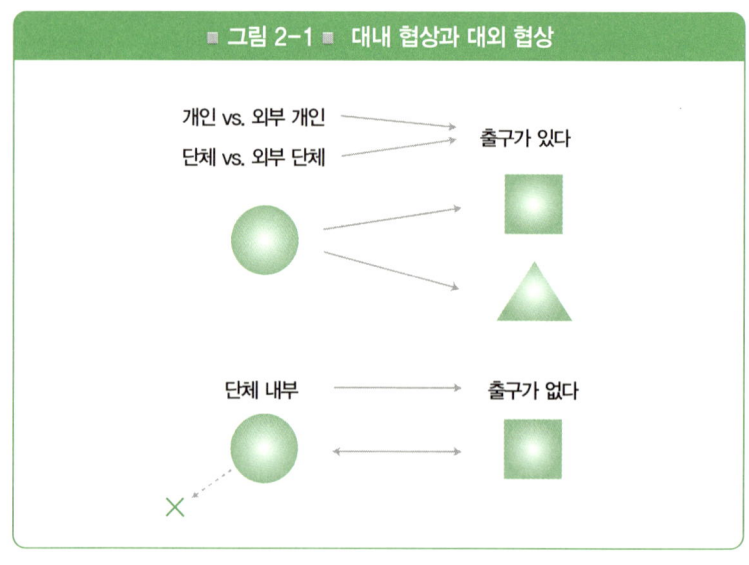

■ 그림 2-1 ■ 대내 협상과 대외 협상

개인 vs. 외부 개인
단체 vs. 외부 단체 → 출구가 있다

단체 내부 → 출구가 없다

단체 내부의 협상은 대내 협상으로, 출구가 없다. 무엇을 두고 출구가 없다는 것일까? 예를 들어 한 회사 내부에서 총무부가 경리부에 결산보고를 했는데도 경리부가 돈을 주지 않는다고 하자. 그렇다고 해서 총무부가 "웃기는군. 그렇다면 다른 회사 경리부에 가서 돈을 받으면 되지!"라고 할 수는 없으므로, 당신에게는 출구가 없는 셈이다. 당신이 회사를 그만둘 작정이 아니라면, 상대방과 원만한 관계를 유지해야 한다.

분배형 협상과 조합형 협상

협상은 대내외 구분 외에도, 분배형과 조합형으로 다시 세분화할 수 있다.

분배형 협상이란 무엇인가? 예를 들어 나와 상대방이 파이 하나를 나누어 가지는데, 나는 오른쪽을, 상대방은 왼쪽을 가진다고 하자. 이 경우에 내 목적은 바로 상대방의 기대를 낮추는 것이다. 따라서 상대방에게 이렇게 말해야 한다.

"당신은 왼쪽 반만 가져갈 수 있습니다. 그보다 더 많이 가져가려고 해서는 안 됩니다. 더 많이 가져가려면 반드시 오른쪽에 있는 제 몫을 가져가야 합니다."

그러므로 이런 협상을 할 경우에는 상대방의 기대를 낮춰야 한다. 또한 협상을 할 때에는 당연히 충돌이 생기게 마련인데, 당사자가 문제를 해결하게 되면, 곧 '협상 타결'이 된다. 그래서 이것을 가리켜 "충돌의 옛 관계에서 벗어났다"라고 부른다. 협상이 끝남과 동시에 파이를 나누어 가졌으므로 우리는 바로 협상 테이블을 떠나게 된다.

그렇다면 조합형 협상이란 무엇인가? 만약 내가 상대방과 협력해서 사업을 하려고 한다면 조합형 협상을 하게 된다. 조합형 협상에서는 상대방의 기대를 높이려고 한다. 당신이 다른 사람과 동업

해서 사업을 하고자 할 경우, 당신은 당연히 "저와 사업을 하면 많은 돈을 벌 수 있어요!"라고 말하지 "솔직히 말해서 저랑 사업을 하면 몇 푼 벌지 못해요"라고 말하지는 않을 것이다. 만약 그렇다면 상대방이 무엇 때문에 당신과 사업을 하려고 하겠는가? 그래서 어떠한 협상이든지 당신이 어떤 것을 조합하거나 만들려고 한다면, 상대방의 기대를 높여야 한다. 원래 아무 관계가 없었지만, 협상을 통해 협력관계가 시작되고 이것이 바로 '협상 착수'다.

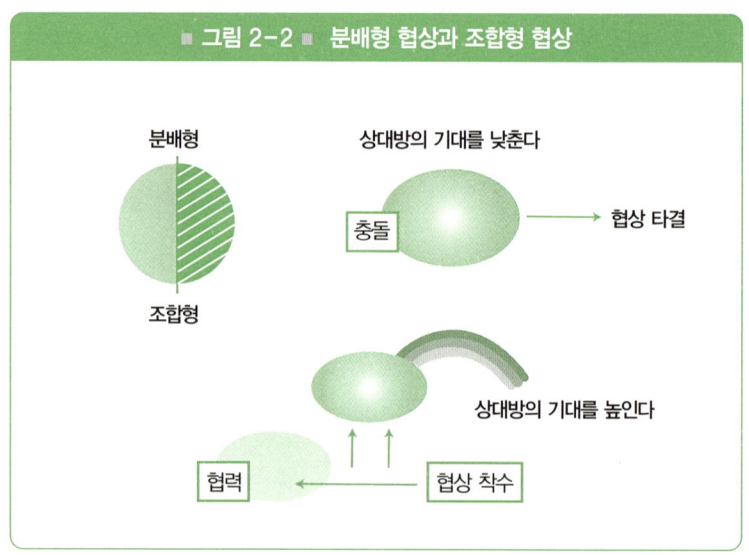

■ 그림 2-2 ■ 분배형 협상과 조합형 협상

만약 당신이 협상 경험이 거의 없는 초보자라면 함께 생각해보자. 당신은 협상을 할 때 그것이 '협상 타결'인지, 아니면 '협상 착수'인지 생각해본 적이 있는가? 그리고 큰 파이를 나누려는 것인지, 아니면 파이를 더 크게 만들려는 것인지 생각해보았는가?

같은 회사 안에서는 분배형 협상과 조합형 협상 모두 존재하고 있다는 것을 발견할 수 있을 것이다. 그래서 대내 협상이 더 어려운 까닭은 바로 그것이 폐쇄형 협상이기 때문이다.

> ### 사례
>
> 　미국의 어느 기업에서 노사협상이 벌어진다고 가정해보자. 노조가 회사 측에 요구 사항을 제시했을 때, 회사 측은 종종 "좀 더 생각할 시간을 주시죠. 아니면 차라리 우리가 위원회를 만들어 연구해보는 것이 어떻습니까?"라고 말한다.
>
> 　이 말은 무슨 뜻일까? 중국인들은 회사 측이 시간을 끄는 것이라고 보지만, 미국인들은 좀 다르게 해석한다. 노조 측이 사장한테 가서 책상을 꽝 치면서 요구조건을 받아들이라고 말할 때 사장이 곧바로 수용한다면 체면이 말이 아닐 것이다. 그래서 노사가 함께 위원회를 만들어 검토하자고 말한 것이다. 왜 그럴까? 위원회에서 검토한 후에도 여전히 요구를 들어주어야 한다면, 다음과 같이 말할 수 있기 때문이다. "좋습니다. 저는 원래 반대했지만, 위원회에서 통과된 이상 다수의 의견을 존중해서 당신들의 요구 사항을 수용하겠습니다."

따라서 미국인의 해석에 따르면, 위원회를 결성한다는 말은 곧 자신이 융통성을 가지고 있다는 것을 암시하므로, 상대방은 협상 결과에 대한 기대를 높일 수 있다.

만약 분배형 협상이라면, 협상 결과에 대한 상대방의 기대를 낮춰야 하기 때문에 위원회를 결성한다는 말을 너무 일찍 꺼내서는 안 된다. 그렇지만 상대방과 협력해서 사업을 하려고 한다면, 서로 간의 문제는 매우 쉽게 해결이 되고, 모든 것이 순리적으로 해결될 수 있다는 것을 보여주어야 하므로 위원회를 결성하자는 말을 먼저 꺼내야 한다. 그러면 내가 매우 융통성 있는 사람이라는 것을 상대방에게 알려줄 수 있다. 만약 이틀 동안 협상을 할 경우 당신이 첫날 아침에 이야기하는 것과 마지막 날 오후까지 미루어서 말하는 것은 협상의 성격이 다르기 때문에 그 효과 또한 다르게 나타난다.

외부의 적을 물리치려면
반드시 먼저 내부를 안정시켜라

협상을 배울 때에는 반드시 대내 협상과 대외 협상을 배워야 한다. 오늘 협상을 하러 간다면 "사장이 나를 전폭적으로 신임하고 있는가? 사장이 나에게 어떤 식으로 권한을 부여했는가? 일개 부서의 관리자인 내가 어떻게 내부 소통을 통해 협의를 이끌어낸 후에 협상에 나갈 수 있는가?" 등의 복잡한 문제들이 있을 것이다. 따라서 어떤 협상이든지 먼저 내부 문제를 안정시킨 뒤에야 대담하게 밖에 나가서 협상을 할 수 있다. 이론적으로 대외적인 부분을 '전략(戰略)'이라고 하고, 대내적인 부분을 '구조(構造)'라 하는데, 구조가 안정된 후에야 전략이 나올 수 있다.

사람들은 다른 사람들과의 교류를 두려워한다. 어렸을 때부터 아버지는 나한테 의사가 되라고 말했다. 의사가 되면 남에게 도움을 청할 일이 없을 거라고 생각했기 때문이다. 그러나 나는 소질이 없어서 의사가 되지 못했고, 내 아들이 의사가 되기를 바란다. 부모라면 누구나 자식들이 남에게 손 벌리지 않고 살 수 있기를 바란다. 다시 말해서, 인간관계에 그다지 신경 쓰지 않고도 돈을 벌 수 있다. 그렇지만 사실 의사들 사이에도 서로 무시하는 경우가 있다. 예를 들어, 타이완의 의과대학은 7년 동안 공부해야 하는데, 어떤 사람은 안과의사를 무시하면서 "눈 두 개를 7년이나 공부해!"라고 한다. 또 어떤 사람은 치과의사를 무시하며 "우리 의사들은 모두 앉아서 돈을 버는데, 너희 치과의사는 서서 돈을 버는구나"라고 한다.

회사 내부에서도 부서 이기주의가 있고, 상급자와 하급자 사이, 같은 직급 간에도 다른 의견이 생길 수 있다. 이런 충돌을 해결하려면 먼저 그것을 연구해야 한다.

2 충돌은 주관적인 것인가, 객관적인 것인가?

충돌은 아마도 주관적인 것이다

어떤 사람은 이렇게 말한다. "충돌은 당연히 주관적인 것입니다. 당신이 어떤 생각을 갖고 있으면, 곧 그에 따른 행동을 하게 마련입니다." 맞는 말일까? 물론 일리가 있다.

예를 들면, 나는 어렸을 때 농촌에서 자라 구두를 신어본 적이 없었다. 나중에 도시에 있는 대학에 진학한 후에야 도시 사람들은 오래전부터 구두를 신었다는 사실을 발견하고는 "세상은 참 불공평하구나"라고 생각했다. 그래서 직장에 다니면서 도시 사람들은 모두 나에게 빚지고 있다고 생각했기에 걸핏하면 다른 사람의 책상에 있는 물건을 가지고 와버렸다. 그래서 사람들이 새로 물건을 구입하면, 하루 이틀은 그들의 책상 위에 놓여 있지만, 셋째 날에는 보이지 않다가, 넷째 날에는 내 서랍 속에 들어 있다. 사람들이 나의 이런 행동을 바꾸려 한다면, 우선 내 생각부터 바꾸어야 할 것이다. 당신이 내게 "이 세상은 당신이 생각하는 것처럼 그렇게 험하지 않으며, 따뜻하고 정이 있습니다"라고 말하면, 내 생각이 바뀌고, 따라서 행동도 달라질 것이다.

사례

20년 전, 내가 막 타이완으로 돌아와 강의를 할 때, 학술관련 업종에서 일하는 친구가 이런 이야기를 했다. 그가 회사에 출근하면 사장이 항상 그의 자리 앞을 왔다 갔다 해서 여간 신경 쓰이는 게 아니었다. 그러던 어느 날 그는 우연히 책에서 한 구절을 읽고는 마음이 확 트여서 더 이상 화를 내지 않았다. "기억하라. 절대 돼지 한 마리가 노래하도록 놓아두지 마라. 그렇지 않으면 당신이 매우 괴로울 것이며, 그 돼지는 더 괴로울 것이다"라는 구절이었다. 이것은 매우 전형적인 아큐(阿Q)식 정신 승리법(정신적으로 승리를 찾는 사고방식. 루쉰의 소설 《아큐정전》에 나오는 주인공 '아큐'가 패배와 모욕을 당하면서도 자기를 위안하는 방법으로, 자신은 승리자라고 말한 데서 연유한다 ―옮긴이)이다.

20년 후에도 당신은 여전히 이 세상에 '돼지'가 줄어들지 않았다는 것을 발견할 수 있을 것이다.

한번은 한 외국 기업에서 강의한 적이 있었는데, 그 회사의 회장 비서가 이렇게 말했다. "선생님 강의를 듣고 참 많은 도움이 되었습니다." "어떤 점이 말인가요?"라고 묻자, 그녀가 대답했다. "저는 항상 회장님을 대신해 각 부서에 업무 사항을 전달하는데, 사람들은 회장님한테는 직접 이야기를 못하고 꼭 저한테 불평을 해서 제 입장이 무척 난처했어요. 선생님의 강의를 듣고 난 후, 내가 지금 돼지하고 대화하고 있다고 생각하니 마음이 편안해졌어요. 더 이상 그들과 실랑이를 하지 않게 되었거든요."

충돌은 객관적인 것일 수도 있다

어떤 사람은 "충돌이 어떻게 주관적인 것입니까? 당연히 객관적인 것이죠"라고 말한다.

경제학을 배운 사람이라면 경제학이라는 학문이 존재하는 이유를 잘 알 것이다. 그 이유는 자원의 희소성 때문이다. 예를 들어 사람은 많은데 밥이 적다면, 당신은 밥을 더 지어야지, 당신 혼자 생각하는 것만으로 배가 부르도록 할 수 있겠는가? 그것은 그리 쉬운 문제가 아니다. 그래서 이것은 객관적으로 존재하는 것이지, 주관적인 것이 아니다.

자기가 소속된 부서나 집단을 위해 전체의 이익을 돌보지 않는 것은 역시 객관적으로 존재하는 것이다. 예를 들어, 나는 판매자이고 당신이 구매자라면, 나는 더 높은 가격을 받으려고 하고 당신은 가격을 더 낮추려고 한다. 사업적인 관계가 존재하는 한 충돌은 생기게 마련이지만, 오늘 당장 사업적인 관계에서 벗어나면 서로 간의 충돌은 사라지게 된다.

또 다른 예로, 회사에서 어떤 사람이 늘 당신을 괴롭힐 경우 당신은 매우 기분이 나쁠 것이다. 그렇지만 언젠가 당신이 회사를 그만두고 떠난다면, 그 사람이 누구를 괴롭힌들 당신하고는 상관없는 일이 되므로, 당신은 문득 그 사람이 나쁘게만 느껴지지 않고, 그에 대한 당신의 생각도 바뀌게 된다.

어떤 회사는 까다로운 상대가 있을 경우 무척 교묘한 방법을 쓴다. 노사 협상에서 노조 대표가 너무 거칠어서 이길 수 없을 것 같으면 그를 승진시켜버리는 것이다. 승진해서 부서의 책임자가 되면 노조에 가입할 수 없게 된다. 어쩔 수 없이 관리자 신분으로 진영이 바뀌게 되는 것이다. 자신의 진영이 달라지면 조용히 있을 수밖에 없다.

한번은 한 회사의 노조센터에서 강의를 했는데, 그 회사의 관리 책임자가 나를 안내하면서 말했다. "선생님, 저 노조센터의 편액은 제가 쓴 것입니다." 편액에는 "노동자의 빛"이라고 쓰여 있었다. "당신이 어떻게 이 편액을 쓰게 되었나요?"라고 묻자 그는 대답했다. "솔직히 말씀드리자면, 작년까지 저는 노동조합 위원장이었는데 올해 진영을 바꾸었습니다."

"당신이 어디에 앉아 있느냐가 당신이 어디에 서 있는지를 결정한다"는 말이 있다. 어떤 사람은 그 말을 비교적 쉬운 말로 "엉덩이가 머리를 결정한다"라고 풀이하기도 한다. 우리는 사람들이 "당신은 어떻게 엉덩이를 바꾸자마자 곧바로 머리를 바꿉니까?"라는 말을 자주 듣는다. 사회라는 곳이 원래 그렇다. 누구나 자신이 속한 부서나 집단의 이익을 먼저 챙기게 마련이다.

충돌은 그렇게 간단한 문제가 아니다

결국 종합하면 충돌은 주관적이기도 하고 객관적이기도 하다는 얘기인데, 그렇다면 서로 모순되지 않는가? 그럴 수도 있다.

예를 들어, 당신이 어떤 사람과 충돌했는데, 내가 옆에서 부추기며 이렇게 말한다. "당신은 그 사람과 싸워야 해요. 그 사람에게 그렇게 착취를 당하면서도 아직까지 깨닫는 바가 없습니까?" 당신이 "그 사람과 충돌은 있지만, 당신이 말하는 것처럼 그렇게 심각하지는 않습니다"라고 말하자, 내가 이렇게 말한다. "몇 십 년 동안의 우민 정책으로 당신은 완전히 무감각해졌군요."

이런 충돌에 대해 당신의 주관적 감정을 기준으로 해야 하는가, 아니면 나의 객관적 판단을 기준으로 해야 하는가? 그의 반응이 무딘 것인가, 아니면 내가 단지 이 세상을 못 미더워하는 것인가? 만약 당신이 주관도 옳고, 객관도 옳다고 한다면, 우리 두 사람이 왜 이 때문에 말다툼을 하고 있는 것일까?

당신은 충돌에 대해 단순히 '주관적이다' 또는 '객관적이다' 라는 두 가지 견해가 모두 편파적이라는 것을 알 수 있다. 충돌은 그렇게 간단한 것이 아니다.

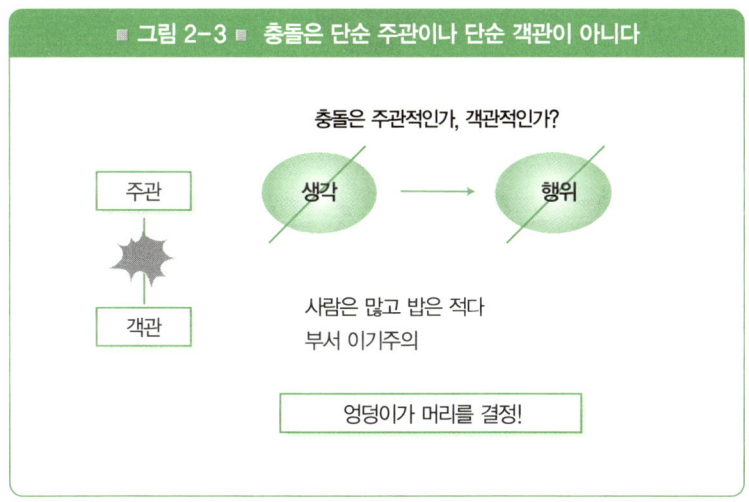

■ 그림 2-3 ■ 충돌은 단순 주관이나 단순 객관이 아니다

충돌은 주관적인가, 객관적인가?

주관

객관

생각 → 행위

사람은 많고 밥은 적다
부서 이기주의

엉덩이가 머리를 결정!

3 충돌의 기폭점과 연소점을 명확히 하라

충돌에는 몇 개의 기폭점과
연소점이 있는가?

충돌이 실제로 발생했을 때 세 가지 기폭점과 연소점이 있다.

첫째, 자원과 자리. 그것은 모두 객관적으로 존재하는 것으로, 예를 들면 자원의 분배, 부서 이기주의 문제 등이다.

둘째, 태도. 예를 들어 질투나 적의 등이다. 당신이 매번 나를 볼 때마다 노려보고, 내가 시골에서 왔다고 해서 무시하고, 나보다 학벌이 좋다고, 스스로 뛰어나다고 생각하지 않는가?

셋째, 행위. 예를 들어 당신은 왜 내 주차 자리를 빼앗는가? 당신은 길을 걷다가 나와 부딪쳐도 사과하지 않는데, 다른 사람과 부딪쳐도 그냥 지나치는가?

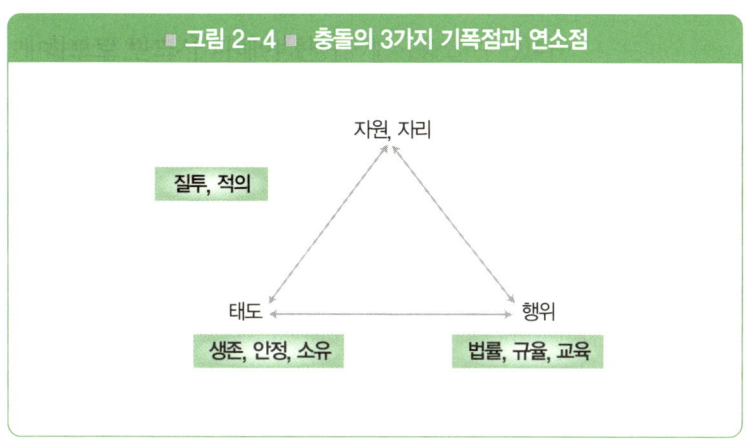

■ 그림 2-4 ■ 충돌의 3가지 기폭점과 연소점

자원, 자리

질투, 적의

태도

생존, 안정, 소유

행위

법률, 규율, 교육

충돌과 기폭점 사이에는
어떤 관계가 있는가?

우리는 살면서 다른 사람과 충돌하는 일을 종종 겪는다. 당신은 다른 사람과 충돌할 때, 어느 지점에서 폭발하고 마는가?

오래전 타이완 둥우 대학의 한 학생이 저녁 무렵 캠퍼스 근처에서 산책을 하고 있었다. 그는 학교 밖에 주차된 차 안에 남녀 한 쌍이 있는 것을 발견했다. 지금은 매우 흔한 모습이지만, 10여 년 전만 하더라도 매우 보기 드문 일이었다. 그 남학생은 호기심이 발동하여 차 안을 들여다보기 위해 다가갔다. 그러자 차 안에 있던 남자가 창문을 내리고 그에게 욕을 했다. "보기는 뭘 봐, 처음 봐?"

이 충돌의 기폭점은 무엇일까? 그것은 행동이다. 당신은 여기서 자원의 분배라고 말할 수 있겠는가? 그렇게까지 심각한 상황은 아닐 것이다. 당신은 질투나 적의라고 말할 수 있겠는가? 아직 그런 마음을 품기에는 너무 이르다. 그래서 당신은 어떤 점이 기폭제가 되었는지는 그다지 중요하지 않고, 중요한 것은 이 세 가지 사이가 쌍방 화살표 관계라는 점을 발견할 수 있다. 자원이나 자리 방면에서 충돌이 발생하면, 이것이 누적되어 태도를 변화시킬 수 있다. 태도가 변화되었을 때, 당신이 사과하지 않는다면, 그는 주먹이 나가게 되고, 그것은 행위로 변하게 된다. 그러나 어떤 경우에는 자원, 위치 관계가 근본적으로 누적되어 태도를 변화시키지 않고도 곧바로 행동으로 변화될 수 있다.

충돌의 확대와 순환

어떠한 충돌이라도 모두 변하고 끊임없이 확대되며 순환한다. 예를 들어 당신과 나 두 사람이 A라는 문제를 두고 협상을 시작했다. 한나절이 지나도록 결론이 나지 않자 친구들을 끌어들였다. 당신은 갑을 찾고, 나는 을을 찾는다. 그런데 갑과 을은 왜 협상에 끼어들어 도와주려는 것일까? 그는 우리

두 사람과 별도로 원한 관계가 있거나 그들 두 사람 사이에 원한 관계가 있기 때문이다. 그러므로 갑과 을이 끼어들면서 협상은 A문제에 B문제가 더해지게 된다. 그렇게 해서 다시 싸우지만 이번에도 결론이 나지 않자 병과 정을 찾는다. 병과 정이 끼어들면서 협상은 A에 B가 더해지고 거기에 C까지 더해지면서 협상의 초점이 흐려지게 된다.

이런 식으로 충돌은 끊임없이 확산되고, 많은 사람들이 개입하게 된다. 어떤 사람은 이익을 얻고서 빠져나가고, 어떤 사람은 아무것도 얻지 못한 채 빠지며, 어떤 사람은 계속 협상에 남아 견뎌나간다. 충돌은 순환이고, 끝까지 가게 되면 어느 순간 지쳐서 계속 협상할 마음이 사라진다. "짧고 힘든 인생, 굳이 다툴 필요가 있겠는가. 그만두자"라는 생각이 드는 것이다. 협상이 끝나갈 무렵 당신 양 옆에 있는 두 사람이 이미 여러 번 바뀌었다는 것도 깨닫게 된다. 이런 상황이라면 누구도 애당초 협상이 왜 시작되었는지를 알지 못할 것이다. 그래서 상사는 부하직원의 충돌을 해결할 때, 충돌이 얼마나 지속되었는지를 묻고, 무엇이 중요한 모순이고 부차적인 모순인지, 어떤 문제가 기폭점과 연소점인지를 찾아야 한다.

4 충돌의 매듭을 찾아라

이따금 나는 부하직원들을 불러모아 "앉아보세요"라고 말한다. 아무 생각 없이 하는 말이 아니다. 내가 그들을 앉으라고 한 것은 그들 두 사람이 얼마나 떨어져 앉는지를 보려는 것이다. 만약 두 사람이 가까이 앉았다면 감정의 골이 깊지 않다는 뜻이고, 두 사람이 서로 멀리 떨어져 앉았다면 골이 깊다는 뜻이다. 이 모든 것은 사소한 일이다.

그런 후에 나는 "당신들의 문제점은 도대체 무엇입니까?"라고 묻는다. 마치 의사가 "기침을 한 지 얼마나 되었나요? 가래를 뱉으면 맑은가요, 아니면 누런색인가요?"라고 문진하듯이 다른 사람에게 계속해서 묻는다. 만약 당신이 사장이고, 제3자가 중재 역할을 한다면 당신은 그들을 사무실로 불러 "갑, 당신은 을에게 불만이 있습니까? 그럼 당신이 보기에 을이 요구하는 것이 무엇인지 말씀해보세요"라고 말한다. 갑은 "내가 보기에 을이 요구하는 것은 이런 저런 것입니다"라고 말한다. 을은 그 말에 반박하면서 "저는 전혀 그런 의미가 아닙니다"라고 말한다. 그러면 당신은 "그럼 상관이 없습니다. 을, 당신이 원하는 게 무엇인지 분명히 말해보세요"라고 말한다. 갑과 을의 의견을 모두 들은 다음 천천히 문제의 매듭을 찾아낼 수 있다.

5 사무실 내의 충돌을 어떻게 해결할 것인가?

자원, 태도, 행위 이 세 가지 기폭점은 삼각형을 형성한다(그림 2-4). 이 그림은 매우 중요하다. 우리는 어떤 점을 찾은 후 이것을 잘라낼 방법을 생각하고자 한다.

'행위'의 각을 어떻게 잘라낼 수 있을까?

'행위'의 각을 잘라내려면 법률과 규율, 교육을 사용해야 한다. 사회에서는 법에 의거하고, 회사에서는 규율과 교육에 의거한다.

사회에서는 법률에 의거해서 충돌을 해결한다

사회에서는 법률에 의거해서 충돌을 해결하려고 한다. 예를 들면 두 사람이 싸우고 있는데 경찰이 둘을 떼어놓으면, 이것은 표면적인 해결인가, 아니면 근본적인 해결인가? 당연히 표면적인 해결이다. 이처럼 표면적인 해결이 필요할까? 더 큰 싸움으로 번지는 것을 막을 수 있으므로 필요하다고 봐야 한다. 두 아이가 싸우면 어른들은 그들을 떼어놓는데 이것 역시 일시적인 해결책이지만 여전히 필요하다.

우리는 종종 표면적인 것과 근본적인 것을 함께 해결하려는 잘못을 범한다. 만약 근본적인 해결을 할 수 없고, 표면적으로만 해결할 수 있다면, 당신은 문제를 해결하겠는가? 당연히 해결해야 한다. 우리는 당연히 서로를 존중해주기를 바라지만, 서로 존중할 수 없다면 최소한의 기본적인 예의는 갖추어야 한다. 그러므로 법률로써 문제를 해결하고, 문제가 더 크게 확대되는 것을 피할 수 있다.

회사에서는 규율과 교육에 의거하여 충돌을 해결한다

회사에서는 규율과 교육에 의거해서 충돌을 해결하려고 한다. 왜 많은 회사들은 내게 복잡한 협상 수업을 해달라고 하지 않고, 그들의 신입사원에게 회사의 향후 계획에 대해 설명해주기를 희망하는가? 회사 사람들 모두가 말다툼하는 데 익숙해져 있다면, 당신은 말다툼하는 것이 좋다고 생각할 뿐만 아니라, 툭하면 싸우게 될 것이다. 만약 당신의 회사 분위기가 매우 좋다면, 모두들 자연스럽게 교양 있는 사람이 될 것이다. 입으로만 교양을 떠들어댈 것이 아니라, 교양 있는 분위기를 느끼게 하는 것이 중요하다.

예를 들어, 중국 식당에서는 사람들이 저마다 목청을 높이지만, 프랑스 식당에 가면 목소리가 아주 작게 변하는 것을 발견할 수 있다. 거꾸로 프랑스인이 중국 식당에 가면 어떻게 될까? 똑같이 큰 소리로 말할 것이다. 왜 그럴까? 큰 소리로 말하지 않으면 들리지 않기 때문이다. 그러므로 환경이 중요하다. 당신은 직원들에게 죽을 일이 아니면 싸우지 말라고 가르쳐야 한다. 죽을 일이 아니면 싸우지 말라는 것은 무슨 의미인가? 예를 들어보겠다.

사례

당신은 동료와 함께 영화 〈해리포터〉를 보러 갔다. 영화가 끝난 후 A, B, C 세 가지 상황에 대해 견해를 갖게 되었다고 하자. A에 대해서 당신 두 사람의 견해는 서로 다르지만, B와 C에 대해서는 견해가 같다. 동료의 이야기가 끝난 후, 당신은 어떻게 말할 것인가?

충돌 관리 훈련을 배운 적이 있는 사람은 어차피 A에 대한 의견이 다르기 때문에 A에 대해서는 말하지 않고, 의견이 같은 B와 C에 대해 이야기한다. "방금 말씀하신 B, C에 대해서는 우리 두 사람이 서로 통하는군요." 그리고 두 사람은 B와 C에 관해 이야기를 나누면서 즐거운 시간을 보낼 것이다.

그러나 충돌 관리 훈련을 배운 적이 없는 사람은 이렇게 나온다. "B, C에 대한 의견은 같으니, 우리 A에 대해 이야기해봅시다." 그리고 상대방에게 "당신의 견해 중에서 B와 C에 관해서는 나도 동의하지만, A에 관해서는 아무래도 동의할 수 없네요"라고 말할 것이다. 이렇게 두 사람은 A를 두고 다툰 뒤 결국은 불쾌한 기분으로 헤어진다. 당신은 불쾌한 기분 때문에 서로 의견이 같은 부분이 다른 부분보다 더 많았다는 사실은 까맣게 잊어버린다. 그러므로 때로는 사람이 죽을 일이 아니면 싸울 필요가 없다는 것을 알아야 한다.

여자들은 가끔 정의감에 불타오른다. 이것은 나쁜 의미에서가 아니라, 인간 본성에 이런 결점이 있다는 것을 말하려는 것이니 오해 없길 바란다. 예를 들어 내 아내가 바로 그렇다. 텔레비전을 보다가 내가 어느 배우나 가수의 이름을 잘못 말하면, 아내는 나한테 "정말 둔하네요. 몇 번을 말해도 아직까지 기억을 못해요?"라며 면박을 준다. 그걸 모른다고 죽는 것도 아닌데 말이다. 그래서 나는 아내와 함께 텔레비전 보는 것이 가장 싫다.

비슷한 예로, 여자가 주방에서 요리를 하는데, 남자친구 혹은 남편이 거실에서 요리에 들어가는 재료를 잘못 발음하면, 과연 몇이 그냥 넘어갈까? 보통 여자들은 거실로 달려와서 바로잡아 주어야 직성이 풀리는 것 같다. 그러나 재료 하나 잘못 발음한다고 사람이 죽는가?

그러므로 때로는 말다툼을 하지 않는 습관을 길러야 한다. 일단 다투기 시작하면 문제가 매우 복잡해지는 경우가 태반이다.

'태도'의 각을 어떻게 잘라낼 것인가?

일단 사람들이 당신에 대한 생각이 뿌리 깊이 박혀 있다면, 그것을 바꾸기는 매우 어렵다. 예부터 사람이 부족하다 하여 그 사람이 하는 말까지 무시해서는 안 된다고 했다. 그러나 당신은 하루 종일 그러한 잘못을 범하고 있지 않은가? 예를 들어 회사에서 당신과 내가 어떤 문제를 의논하고 있는데, 갑 역시 우리와 함께 이야기하기를 원한다. 그래서 내가 당신에게 "갑이 무슨 생각을 갖고 있는지 들어봅시다"라고 말하자, 당신은 "갑의 머리에서 무슨 아이디어가 나오겠습니까? 들어볼 필요도 없어요. 별것 없을 테니 우리끼리 계속 이야기합시다"라고 말한다. 당신은 왜 이렇게 말하는가? 당신은 지금까지 줄곧 그에 대한 편견을 갖고 있었기 때문이다. 당신과 상대방 사이에 어떤 원한이 있거나 불만이 깊다면, 둘 사이의 충돌은 해결하기 무척 힘들다.

그래서 다른 사람들이 태도 방면에서 당신에 대해 적대감을 갖지 않게 하려면, 우선 어떤 문제가 적대감이나 원한을 야기할 수 있는지 살펴봐야 한다. 사람들에게는 몇 가지 기본적인 요구가 있는데, 당신은 그것을 건드려서는 안 된다. 만약 그것을 건드리면 곧 충돌이 생기게 된다.

그의 생존권을 침범하지 마라

누군가 나에게 말했다. "선생님이 말씀하신 것은 거의 다 동의하지만, 생존권에 대한 것만은 동의할 수 없습니다. 제가 그를 죽인 것도 아니잖습니까?" 나는 그에게 "맞습니다. 당신은 그를 죽이지 않았지만, 그의 생존권을 존중한 것도 아닙니다"라고 말했다. 우리에게는 어떤 생존의 권리가 있을까?

사례

한번은 한 회사에서 강의를 했는데, 점심시간에 회사 간부 두 명과 함께 도시락을 먹었다.

한 간부가 내게 말했다. "저는 매우 온순한 사람입니다. 회사에서 사장님이 저한테 밥을 먹으라고 하면 밥을 먹고, 죽을 먹으라면 죽을 먹고, 고구마를 먹으라면 고구마를 먹습니다. 사장님이 반드시 먹고살게는 해줘야지, 그렇지 않으면 저는 가만있지 않을 겁니다. 다시 말해서, 저를 강등시키거나 감봉을 하거나 창고 경비로 파견하는 것은 참을 수 있지만, 제 밥그릇을 빼앗아가는 것은 절대 용납할 수 없습니다. 그렇게 하면 저는 가만히 있지 않을 것입니다."

다른 간부가 내게 말했다. "선생님, 저도 매우 온순합니다. 저는 회사에서 그저 묵묵히 제 밥그릇만 신경 쓰고, 다른 사람이 무얼 하든 관여하지 않습니다. 그러나 제가 밥을 먹을 때 다른 사람의 젓가락이 내 밥그릇을 침범하면, 저는 밥그릇을 그 사람 얼굴에 엎어버릴 겁니다. 차라리 둘 다 못 먹으면 못 먹지 다른 사람이 제 밥그릇에 손대게 할 순 없습니다."

나중에 다른 회사에서 강의할 때, 바로 이 예를 들어 말했다. 강연이 끝난 뒤 한 간부가 내게 달려와서 말했다. "생존권에 대한 이야기를 듣고 매우 감동을 받았습니다. 학창시절 배운 적은 있었지만, 선생님이 말씀하신 이 사례처럼 와닿은 적은 없었습니다. 우리 회사의 개혁이 이처럼 지지부진한 이유를 깨달았습니다. 제가 다른 사람의 밥그릇에 젓가락을 뻗었다는 것을 전혀 깨닫지 못하고 있었습니다."

그렇다면 당신은 다른 사람 그릇에 젓가락을 뻗어 고기를 잡기 위해 뒤적거린 적이 없는가?

우리는 보통 초등학교 시절에 이런 일을 자주 저질렀다. 겨울에 난로 위에 올려놓은 도시락이 따뜻하게 데워지면, 다른 사람들이 무슨 반찬을 가져왔나 살펴보다가 누군가 맛있는 반찬을 싸왔으면 빼앗아 먹는다. 만약 다른 사람의 도시락이 탐난다면, 내 도시락과 바꿔 먹어야지, 그의 도시락을 빼앗아 그가 굶도록 해서는 안 된다.

오늘날 개혁이 제대로 추진되지 못하는 원인은 바로 다른 사람들의 생존권을 침해하기 때문이다. 개혁을 한 후에, 당신은 패배자들에게 패배에 따르는 대가를 덜어주어야 한다. 그래야만 당신으로 인해 그가 받는 충격이 완화될 것이다. 그렇지 않으면, 당신은 그의 밥을 빼앗은 것이 되고, 그의 생존권을 침해하게 된다.

많은 젊은이들이 개혁을 추진하며 "오늘은 옳고 어제는 그르다"고 주장한다. 즉 오늘날 자신들이 하는 것은 맞고 과거에 한 것은 모두 틀렸다는 식이다. 이 말을 하는 사람들은 모두 도연명

(陶淵明)에게 속은 것이다. 도연명은 〈귀거래사(歸去來辭)〉에서 "내가 인생길을 잘못 들어 헤맨 것은 사실이나, 아직 그리 멀지 않았고〔實迷塗其未遠〕, 이제는 깨달아 바른 길을 찾았고, 지난날의 벼슬살이가 그릇된 것이었음을 알았다〔覺今是而昨非〕"라고 말했다. 회사에서 어떤 개혁을 추진하면서 당신이 "오늘은 옳고 어제는 그르다"라고 말하면 어제 그 '그른' 일을 한 사람은 어떻게 얼굴을 들고 다니겠는가? 당연히 그의 생존과 존엄성에 영향을 미칠 것이다.

그러므로 우리는 개혁을 추진할 때, 오늘도 옳고 어제도 옳았다고 말해야 한다. 즉 오늘 우리가 개혁하는 것도 맞고 과거에 했던 개혁도 맞다고 말이다. 그렇다면 왜 개혁을 함으로써 변해야 하는가? 그것은 시대가 변하고 있고 환경이 변하고 있으며 시대의 흐름 역시 변하고 있기 때문이다. 이것은 틀렸다는 것이 아니라 적합하지 않다는 것이다.

사례

오래전 우리 대학원에서 입학 관련 회의를 연 적이 있다. 조교가 와서 "교수님, 회의 때 제안할 것이 있습니까?"라고 묻기에 나는 "있지. 내 생각에는 우리 대학원 입학시험 과목이 너무 제한적인 것 같아. 앞으로 입학시험 과목을 더 늘리고, 입학한 후 재시험을 실시했으면 하네. 자네는 입학시험 과목을 바꾸는 것을 어떻게 생각하는가?"라고 말했다.

조교는 내 말에 수긍하고 건의서를 작성했다.

회의를 할 때, 대학원장이 "건의할 사항이 있습니까?"라고 묻자, 나는 "있습니다. 조교 선생이 읽어보세요"라고 말했다.

조교가 건의서를 읽었는데, 마지막 구절인 "실제 개선이 필요하다"는 대목이 문제가 되었다.

"실제 개선이 필요하다"는 것은 무슨 뜻인가? 이는 곧 과거의 제도가 좋지 않다는 뜻으로, 오늘은 옳고 어제는 그르다는 것이다. 그럼 과거의 잘못된 과목은 누가 정한 것인가? 대학원장이 결정한 것이다. 제도의 개선이 필요하다는 말이 끝나자마자 원장은 눈썹을 치켜떴다.

나는 즉시 조교의 말을 고쳐 "개선이 아닙니다. 오타가 있군요. 변화라고 해야 맞습니다"라고 바로잡았다. 개선은 곧 내가 맞고 그는 잘못되었으며, 내 것은 좋고 그의 것은 좋지 않다는 뜻이지만, 변화는 단지 바꾸는 것으로, 누가 맞고 틀린 것이 아니다. 이처럼 대수롭지 않은 말이 큰 차이를 불러올 수 있으므로 조심해야 한다.

만약 당신이 이런 상사를 만난 적이 없다면, 비교적 운이 좋았다고 할 수 있지만 앞으로도 내내 그런다는 보장이 어디 있겠는가? 그래서 항상 조심하고, 모든 사람들에게 한 사람이 전적으로 옳을 수만은 없다는 것을 상기시켜야 한다. 협상에서 어떤 사람이 100퍼센트 이기고 100퍼센트 만족한다면, 다른 한쪽은 항상 100

퍼센트 불만을 갖고 있다는 것을 의미한다. 그렇다면 100퍼센트 불만을 가진 쪽은 언제든지 반기를 들 수 있으므로 그의 생존과 존엄성을 보장해주어야 한다.

그의 안정감을 훼손하지 마라

필수적인 생존권 말고도 사람들은 일정한 안정감이 필요하다. 무엇을 '안정'이라고 하는가? 미국인들은 종종 이렇게 비유한다. "달리기 경주를 한창 하고 있는데, 경기 도중에 갑자기 규칙이 바뀌었다고 알려주면 누가 좋아하겠는가?" 한창 달리고 있는 사람한테 규칙이 바뀌었다는 것을 어떻게 설명할 수 있을까?

사례

어린 자녀를 둔 여제자가 한번은 나한테 와서 자기 아이에 대해 이야기를 했다. 올해 세 살짜리 아이가 과자를 너무 많이 먹어서 저녁밥을 잘 먹지 않는다는 것이다. 그래서 그녀는 아이에게 "과자를 너무 많이 먹으면 안 돼. 그만 먹고 과자봉지 이리 주렴. 그러면 또 저녁밥을 못 먹잖아"라고 말했다.

이 말을 들은 아이는 저항하겠지만, 아이에게 완충 공간을 준다면 상황은 크게 달라질 것이다.

예를 들어 이렇게 말할 수 있다. "너 벌써 세 조각이나 먹었구나. 한 조각을 더 줄 테니 이제는 그만 먹어라. 과자를 많이 먹으면 저녁밥을 못 먹잖니." 그럼 아이가 말을 들을 확률이 높아진다. 왜 그럴까? 그것은 과자 한 조각이 아이에게 안정감을 주기 때문이다.

아이는 과자를 먹을 때, 세 조각만 먹을 수 있다는 것도 모르고 나름대로 큰 계획이 있었을 것이다. 하지만 세 조각을 먹고 나서 엄마가 갑자기 과자를 못 먹게 하니까 아이는 기대가 단번에 무너지는 상실감에 빠진다. 따라서 당신은 아이에게 완충 공간을 주어야 한다. 아마 똑똑한 아이라면 "지금이 오후 3시 30분이고, 저녁은 6시 30분에 먹으니까, 그전까지 세 시간이 남았네. 이 과자를 어떻게 나눠 먹지?" 하고 나름대로 해결 방법을 찾을 것이다. 아마도 아이는 30분 간격으로 과자를 한 입씩 나누어 먹을지도 모른다.

물론 그렇게 똑똑한 아이는 많지 않겠지만, 적어도 당신은 아이에게 완충 공간을 주어서 안정감을 느끼게 해주어야 한다.

그의 소속감을 박탈하지 마라

인간은 사회적 동물로서 어떤 집단 안에 머무르고 싶어한다. 이것이 바로 소속감이다. 누구도 집단에서 배척받고 싶어하지 않는다. 대내외 협상을 막론하고 모든 협상은 이 관점에서 시작한다. 먼저 대외 협상의 관점에서 무엇을 소속이라고 하는지 살펴보자.

하루 종일 공부하느라 무척 피곤한 몸을 이끌고 백화점 쇼핑을 갔다면 다리가 매우 아플 것이다. 이때 당신은 안마의자를 파는 곳을 발견한다. 그리고 안마를 받아보고서 편안하게 느껴졌기에 하나 구입하려고 한다.

종업원이 공책에 성별 구분 없이 당신의 이름을 적는다. 그때 당신은 종업원이 공책을 몇 장 넘긴 뒤에야 당신의 이름을 쓰는 것을 본다. 그 순간 당신은 "이렇게 많은 사람이 예약했구나. 아. 나도 그 부류 안에 속하는군" 하는 생각에 안마의자를 사겠다는 결심을 더욱 굳힌다.

만약 종업원이 공책을 들고 와서 맨 위 칸에 당신의 이름을 쓴다면, 왠지 불안한 마음이 들지 않을까? 그래서 종업원에게 "잠깐만요! 좀더 생각해보고 살게요"라고 말할 것이다. 당신은 마음속으로 안마의자를 사야 할지 말아야 할지 주저하게 되는 것이다.

회사 내부에서도 마찬가지다. 그렇다면 회사에서는 어떻게 소속감을 느끼도록 할 수 있을까? 직원 중 한 사람이 회사의 어떤 모임에도 참여하지 않는다면 장차 문제가 생길 수도 있다. 회사 발전은 단지 한 사람의 노력이 아니라 전 직원의 협력이 필요하다. 그러므로 그에게 회사에 대한 소속감을 심어주는 것은 매우 중요하다.

'자원'의 각을 어떻게 잘라낼 것인가?

　　　　　　때로는 '행위'와 '태도'의 각은 모두 잘라내었는데도, 여전히 충돌을 해결할 방법이 없는 경우가 있다. 어떤 문제가 남아 있는 것일까? '자원'이란 각을 자르지 못했기 때문이다. 만약 오늘의 협상 카드가 자원의 문제일 때 어떻게 해야 할까?

사례

　당신이 초등학교 선생님이라고 해보자. 갑과 을 두 아이가 연극에서 서로 남자 주인공을 맡겠다고 다툰다. 당신은 이 충돌을 어떻게 공평하게 처리할 수 있을까?

　선생님의 가장 직접적인 방법은 '태도'에서 시작된다. 당신은 갑에게 "너는 인기가 많으니까 이번 남자 주인공은 을에게 양보하면 어떻겠니? 꽃도 잎과 같이 있어야 더욱 돋보이듯, 을이 후배니까, 네가 을을 밀어준다면 좋지 않겠니?"라고 말한다.

　그러면 갑이 순순히 받아들이겠는가? 그 아이는 "싫어요! 제가 예전에 연극을 시작할 때, 누가 양보해준 적 있었나요? 저는 제 힘으로 오늘 남자 주인공의 자리까지 왔단 말이에요!"라고 반발한다.

　그래서 당신은 '태도'라는 이 관문을 통과할 수 없다. 계속해서 '자원 분배'라는 측면에서 돌파구를 찾아야 한다.

두 아이는 왜 다투고 있을까? 한 편의 연극에서는 남자 주인공이 한 명밖에 없기 때문이다. 그래서 이렇게 말한다. "이번 연극은 선배인 갑이 남자 주인공을 하고, 다음 번에 을이 주인공을 맡는 게 어떻겠니?"

그러자 을이 "선생님, 언제 다시 연극을 할지 누가 알아요?"라고 볼멘소리를 한다.

당신이 다시 "그럼 다음 차례를 기다리지 말고, 이번에 두 번째 주인공을 추가하는 것이 어때?"라고 말한다.

을은 계속해서 "안 돼요. 저는 첫 번째 주인공을 할래요"라고 고집한다.

그렇다면 어떻게 하겠는가? 당신은 새로운 방법을 생각해서 두 아이에게 말한다. "선생님이 대본을 조금 수정했단다. 갑이 남자 주인공인데 나중에 교통사고로 죽자 여자 주인공이 을을 사랑하게 돼. 그렇게 해서 후반부 주인공은 을이 되는 거야."

갑이 얼굴을 찌푸리며 말한다. "후배를 위해서 제가 교통사고로 죽는다면, 저는 안 할래요."

결국 당신은 어쩔 수 없이 마지막 방법으로 이렇게 말한다. "갑이 교통사고는 났지만 죽지는 않고 얼굴만 망가지게 돼. 붕대를 풀어보니 성격, 외모, 목소리가 전혀 다른 사람이 되어 있는 거야. 그 사람이 바로 을이야. 이렇게 하면 되겠니?"

충돌 관리에 대해 언급할 때, 종종 누군가가 이렇게 말한다. "우리는 말을 할 때 조심하고 사욕을 극복하고 자신을 되돌아보면 다소 부족하더라도 도덕적으로 훌륭한 사람이 되지만, 여전히 충돌을 해결하지는 못한다. 왜 그럴까?" 왜냐하면 어떤 것은 객관적으로 존재하고, 그것은 결코 해결될 수 없기 때문이다.

요컨대 당신이 어떻게 문제를 해결하든, 앞에서 언급한 세 가지 방법에서 찾아야 한다.

6 먼저 당신의 감정을 조절하라

누군가 나에게 이렇게 말한다.

"어떤 사람은 싸우면서 그 이유를 설명하지 못합니다."

그렇다. 몹시 화가 난 상태에서는 왜 싸우는지 정확하게 설명할 수 없을 뿐만 아니라, 스스로도 싸우는 이유를 분명히 알지 못하는 경우도 있다. 혹시 당신도 협상할 때나 아내나 남편, 혹은 부모님과 다툴 때 처음에는 그 이유가 명백했지만 나중에는 이유도 모르고 싸웠던 적이 없는가? 그래서 나는 아내와 말다툼을 할 때 왜 싸우는지를 잊지 않으려고 메모를 해둔다. 그럴 때마다 아내는 "어차피 매일 싸우면서 이유가 뭐 그리 중요해요?"라고 말한다.

따라서 우리는 우선 스스로의 감정을 잘 조절할 필요가 있다.

스스로의 감정을 조절해야만 문제의 해결책을 찾아낼 수 있기 때문이다. 그러나 내가 여기서 말하는 것은 임시방편일 뿐, 근본적인 해결책이 될 수는 없다. 감정을 근본적으로 치료하려면 감정을 제어해야 하는데, 그것은 성경이나 불교 경전을 주고 산에 올라가서 좌선을 시키면 된다. 하지만 요즘처럼 바쁜 세상에 좌선을 할 시간이 없다면 임시방편이라도 배워보자.

상대방의 감정을 거짓이라고 생각하라

왜 상대방의 감정을 거짓이라고 생각해야 하는가?

세상에는 본래 진실한 것이 많지 않지만, 감정이라는 것은 더욱 그러하다. 우리는 다른 사람과 충돌하면 화부터 치밀어오른다. 당신의 부주의로 앞차와 추돌했는데, 앞차에 타고 있던 사람이 웃는 얼굴로 나올 것 같은가? 만일 그가 웃는 얼굴로 나온다면 오히려 두려울 것이다. 당신도 차 사고를 당하면 일단은 잔뜩 찌푸린 얼굴로 내려서, "당신 운전을 어떻게 하는 거야?"라며 몰아세우지 않는가. 우리는 왜 먼저 욕부터 하는 것일까? 어떻게 해야 할지 모르기 때문에 우선 욕부터 해놓고서 감정을 고조시키는 것이다.

분석가가 되어라

사람들은 남을 욕할 때는 앞뒤 가리지 않고 험한 말을 쏟아낸다. 그런 욕들이 나를 향하는 것이라고 생각하면, 얼마나 괴롭겠는가? 그러므로 나는 상대방이 나를 욕할 때에는 그가 나를 욕하고 있는 것이 아니라고 생각해야 한다. 또한 한 걸음 물러나서 그가 무슨 목적으로 그렇게 나오는 것인지 생각해야 한다. 즉 당신은 분석가가 되어야 한다. 그러면 당신이 공격받는 입장이라고 생각하지 않게 되고, 심리상태와 반응도 달라진다.

내가 부부싸움을 해결하는 방법도 마찬가지다. 매번 아내와 다툴 때마다 "저렇게 소리를 질러대는 걸 보니 아주 건강하구만" 하고 생각한다. 싸우지 않는 날은 오히려 허전해서 "이상하군. 어디 아픈 거야? 왜 싸움을 걸어오지 않지? 분명히 무슨 속셈이 있을 거야"라는 생각마저 든다. 그래서 나는 내가 아내의 감정을 거짓으로 여기고 있다는 사실을 알았다.

행동거지를 조심하라

누군가 이렇게 말을 했다. "상대의 기분을 거짓으로 여기라고 배웠기에 저는 이렇게 웃습니다. 웃는 얼굴에 침 못 뱉는다고 하지 않습니까?" 그러나 다른 사람이 분개하거나 난처한 상황에서 웃는다면 장담컨대 당신은 한 대 맞을 것이다.

한번은 국제정치학 강의시간에 학생들에게 주제를 내어주고 리포트를 써오라고 한 적이 있다. 그때 앞에 앉은 남학생이 아무런 이유 없이 웃었는데, 그가 웃을수록 나는 속으로 화가 났다. 그래서 그 학생에게 "자네는 내가 낸 주제가 그렇게 우습다고 생각하는가? 그럼 자네는 두 번 써오게. 쓸데없이 웃기는 왜 웃나!"라고 핀잔을 주었다.

그러자 그 학생은 "교수님, 그러면 머리는 끄덕여도 되겠습니까?"라고 말했다. 머리를 끄덕이는 것은 무슨 의미인가? "알아들었다"는 표시다. 그러나 사람들은 잘 알아들었다는 의미로 받아들이지 않을 수도 있다. 사람들은 당신이 자신의 의견에 동의했다고 생각할 것이다. 예를 들어 가게 주인에게 "옆 가게에서는 이 컵을 만 원에 파는데, 이 가게는 1만 5천 원에 파네요"라고 했는데, 주인이 고개를 끄덕였다면 당신은 어떻게 해석하겠는가? 가격을 깎아주겠다는 의미로 받아들일 수 있다. 따라서 함부로 고개를 끄덕여서는 안 된다.

그러자 그 학생이 또 물었다. "그럼 큰일이네요. 웃어도 안 되고 고개도 끄덕이지 못한다면 설마 저보고 포커페이스를 유지하라는 말입니까?" 사실 내가 하고 싶은 말은 잠시 동안이라도 당신의 생각을 얼굴에 드러내지 말라는 것이다.

협상 전문가들의 연구에 따르면 사람들 중에는 의외로 어색한 상황을 참지 못하는 경우가 많다고 한다. 어색함을 참지 못하면 곧 입을 열게 되고, 말이 많아지다 보면 반드시 실수를 하게 된다. 비밀을 폭로하는 것까지는 아닐지라도 감추어야 할 진정한 의도를 말하게 될 것이다. 예를 들어 내가 말하고 상대방이 말하지 않는다면 당신은 이기게 된다. 곧 침묵으로써 움직이는 것을 제어한 셈이다. 반대로 당신이 말을 하고 내가 말하지 않는다면 내가 빠져나갈 방도가 생기고 정보가 흘러 들어와 그의 의도를 더 쉽게 알아차릴 수 있다.

출장이 1주일 이상 길어지면 귀가했을 때 아내가 당신을 반갑게 맞아줄 것이라고 기대한다. 그러나 뜻밖에도 당신이 집으로 돌아왔을 때 아내는 화가 난 채로 거실에 앉아 있는 것을 발견하게 된다.

아내에게 "여보, 나 왔어"라고 말해도 못 들은 척한다.

다시 "여보, 나 왔어"라고 말하지만 여전히 무시한다.

약간 이상하다는 생각이 들어 "왜 그래? 도대체 무슨 일이 있었어?"라고 물어보지만, 아내는 콧방귀를 뀌며 "흥, 내가 왜 그러는지 당신이 더 잘 알 텐데!"라고 말한다.

당신은 속으로 "내가 뭘 잘못했지?"라고 고민할 것이다.

이때 당신이 난처한 상황을 참을 수 있다면 참는 게 좋다. 왜냐하면 결국 아내가 참지 못하고 이야기할 것이기 때문이다. 설령 당신이 뭔가 잘못했고 그게 들통 난 것이라고 해도 그때 가서 대책을 세워도 늦지 않다. 나는 당신이 참지 못하고 "뭔가 알고 있는 게 분명해. 차라리 자백하자!" 하는 식으로 나올까 봐 걱정이다.

또 어떤 일을 자백해야 할지 확신이 서지 않을 수도 있다. 당신이 판단 착오로 숨겨둔 비자금 대신 숨겨둔 애인이 있다는 것을 자백하게 된다면 어떤 일이 벌어지겠는가!

그래서 나는 내 강의를 듣는 기혼 여성들에게 절대 이 방법은 쓰지 말라고 조언한다. 이 방법을 잘못 쓰면 아마도 들어서는 안 되는 것들을 듣게 될지도 모르기 때문이다. 지나친 호기심은 갖지 않는 것이 즐겁게 사는 방법일 수 있다. 우리는 젊은 시절 항상 모든 일을 다 알아야 한다고 생각하지만 중년이 되면 때론 모르는 게 약이라는 것을 깨닫게 된다.

상대방과 같은 언어를 사용하라

상대방에게 코드를 맞춰라

누군가 이렇게 물었다. "저는 어색한 상황을 견딜 수가 없습니다. 저 자신이 참지 못하면 어떻게 합니까?" 그럴 경우 말을 하되, 상대방과 같은 언어로 말해야 한다. 이것은 단순히 기분을 맞춰주거나 다른 지역의 사람들에게 그 지역의 사투리로 말하라는 것이 아니다. 중요한 것은 그와 똑같이 감정을 조절해야 한다는 사실이다.

사례

만약 여러분은 블루칼라의 노동자이고, 나는 선거에서 여러분의 표를 얻고자 한다면, 나 역시 러닝셔츠에 멜빵차림으로 내가 여러분과 같은 사람이라는 것을 보여야 할 것이다. 하지만 내가 강의를 하러 왔다면 여러분이 티셔츠에 멜빵차림을 하고 있

더라도 나는 정장을 입음으로써 여러분과 다르다는 것을 보여주
어야 한다. 그래야 여러분은 내 말에 더 귀를 기울일 것이기 때
문이다.

내 장인은 안후이 성 사람으로, 타이완에 온 이후 수도 전기
공사 일을 했는데, 밑에서 일하는 인부들은 모두 타이완 사람이
었다. 장인은 타이완 사투리를 못했지만 욕은 어디든 비슷해서
몇 마디 육두문자를 쓸 줄 알았다. 점심때에는 인부들과 함께 도
랑에 쭈그리고 앉아 도시락을 먹고 같이 욕도 했다. 인부들은 사
장이 자신들과 함께 도시락을 먹고 자신들처럼 욕도 하는 것을
보고 나서는 호의적으로 바뀌었다.

더 심오한 측면에서 말하자면, 충돌을 해결하기 위해서는 상대
방에게 모든 주파수를 맞추어야 한다. 그렇다면 사람은 언제 다른
사람과 똑같은 언어를 쓰고, 언제 상대방의 감정에 가장 잘 공감
하게 될까? 바로 연애할 때다. 사람은 젊기 때문에 연애를 하는 것
이 아니라, 연애를 하기 때문에 젊어진다. 사랑에 빠지면 모든 세
포가 살아 움직인다.

예를 들어 당신은 매일 도서관에서 공부를 하는데, 마음에 드는
여학생이 당신에게 "어제 어디에 가서 놀았는데 정말 재미있었어"
라고 말한다. 그러면 당신은 설령 노는 것을 좋아하지 않더라도
그녀와 똑같이 흥분하며 이렇게 말할 것이다. "정말 아쉽네. 나는
못 가봤는데." 하지만 일단 그녀의 마음을 얻어 사귀게 되었을 때,

그녀가 그런 말을 하면, 당신은 귀찮다는 듯 "내일 시험이라 공부해야 해"라고 말할 것이다. 그 여학생을 더 이상 사랑하지 않게 된 것이 아니라, 우선순위가 달라진 것이다. 남자는 한 가지 일을 다 처리하고 나면 곧바로 다른 일을 하려고 한다. 그러므로 여자들은 남편이나 남자친구가 예전처럼 그렇게 자상하지 않고 당신의 감정을 돌봐주지 않는다고 속상해할 필요가 없다. 게다가 다른 남자들이라고 특별히 다를 것도 없다.

공식을 외워라 : 감정 + 3가지 사실 + 다시 감정으로

당신은 어떻게 과거의 감정을 되살릴 수 있을까? 물론 가장 좋은 방법은 다시 연애를 하는 것이다. 만약 그럴 기회가 없다면 공식을 외워라. "감정, 사실, 사실, 사실, 감정." 하나의 감정, 세 개의 사실, 다시 감정으로 돌아오는 것이 마치 요리책과 같다.

사례

당신이 하청 공장의 관리를 책임지고 있다고 하자. 하루는 반장이 근무 태도가 안 좋은 부하직원에 대해 보고를 한다. 당신이 직접 현장에 가서 문제를 해결해야 하는 상황이다.

문제의 그 직원이 당신을 어떻게 대할지 생각해보라. 그는 당신이 자신을 질책하러 온다는 것을 알고 있기 때문에 주먹을 불끈 쥐고 있지만, 한편으로는 당신이 충분히 자신을 무장 해제시킬 수 있다는 것도 알고 있다.

당신은 그가 예상하지 못하는 수를 내어서 그의 감정을 함께 공유해야 한다. 예를 들면 "당신이 화가 났다는 것을 충분히 이해합니다"라고 말하면, 꽉 쥐어진 그의 주먹도 곧 풀릴 것이다.

그런 후에 그에게 세 가지 사실을 말하라. "그가 며칠 동안 잔업을 했다"는 첫 번째 사실, "그의 아이가 아파서 병원에 입원했는데도 가보지 못했다"는 두 번째 사실, "다른 부서에서 충분히 도와주지 못했다"는 세 번째 사실. 당신은 이 세 가지 사실을 말하고 관리 책임자로서 그의 공로와 노고, 억울함을 모두 알고 있으며, 최대한 불만을 해결해주겠다는 의도를 알려준다. "선비는 자기를 알아주는 사람을 위해 죽는다"는 말이 있듯이, 그는 상사가 자신을 처벌하기보다는 자신의 공로와 희생을 알아주길 바라는 것이다.

그런 다음 다시 돌아가 감정을 이야기한다. "만약 내가 당신의 입장이었다면 나는 더욱 화를 냈을 겁니다. 반장은 당신이 오만불손하고, 황소고집에다가 융통성도 없다고 말했지만 나는 그렇게 생각하지 않습니다. 당신은 지극히 정상이지만, 당신의 행동은 상식에서 벗어났습니다. 개인적으로는 충분히 당신을 이해하지만, 관리자의 한 사람으로서 반드시 처리를 해야겠습니다." 이것이 바로 상대방의 감정과 직위를 '잘라내는' 것이다.

우리는 종종 그의 감정에 동조하기 때문에 어쩔 수 없이 그의 행위마저 받아들이려 하거나, 그의 행위를 받아들이지 않기 때문에 그가 느끼는 감정마저 부정하려는 실수를 범하곤 한다. 사실 현실적으로 그 둘을 딱 잘라 구분할 수 있는 것은 아니다. 온전히 상대방의 감정을 나누어 가질 수는 있지만 상대방의 행동에는 동의하지 않을 수 있다.

그렇다면 당신은 어떻게 사람들에게 자신의 행동이 고양이가 쥐 생각하듯 거짓 호의를 베푼 것이 아니고, 강자가 흘리는 악어의 눈물 같은 거짓 동정이 아니라는 것을 믿게 하겠는가? 그것은 바로 사실을 말하는 것이다. '사실'이야말로 진정으로 사람을 감동시킬 수 있기 때문이다. 그렇다면 무엇을 사실이라 할 수 있는지 두 가지 예를 들어보겠다.

사례

한번은 타이완 신주현 과학연구원에 강의를 하러 갔다가 모 회사의 사장과 얘기할 기회가 있었다. 그는 나에게 "직원 한 명이 내일 퇴직을 하는데, 송별회 자리에서 제가 무슨 말을 하면 좋겠습니까?"라고 물었다.

그래서 나는 말했다. "대부분의 사람들은 이렇게 말합니다. '여러분, 정말 아쉽게도 내일 이 과장님이 퇴직하십니다. 다행히 퇴직 후에도 신주현 부근에 계시니 언제든지 오셔서 애정 어린 지도와 편달을 해주시길 부탁드립니다. 이 과장님의 경험은 우리 회사에는 중요한 자산입니다. 따라서 과장님의 퇴직은 우리 회사 역량의 손실로 볼 수도 있겠지만, 한편으로는 회사의 힘이 뻗어나가는 좋은 기회입니다. 앞으로도 변함없이 한 가족처럼 서로 이끌어주며 살아갑시다. 여러분, 잔을 들어 이 과장님의 건강과 행복을 위해 건배합시다!' 이러한 것을 상투적인 인사말이라 합니다. 왜냐하면 성만 바꾸면 김씨, 최씨, 박씨 등 누구에게나 사용할 수 있는 말이기 때문입니다. 만약 이 말을 누구에게나 적용시킬 수 있다면, 당신의 말에 무슨 감정이 들어 있겠습니까?

말을 할 때에는 개별성이 필요합니다. '여러분, 매우 아쉽지만 이 과장님이 내일 퇴직을 하십니다. 저는 예전에 이 과장님이 어떤 기계를 발명하셔서 작업 소요시간을 획기적으로 단축시켰고, 10년 후에는 또다시 어떤 아이디어를 내어 우리 상품의 시장점유율이 30퍼센트나 올라갔던 일을 기억합니다. 또 언제는 이러한 일도 하셨습니다' 하고 몇 가지 사실을 곁들이면 퇴직자도 '나도 기억 못하는 일을 사장님이 다 기억하시는구나. 한평생 회사를 위해 일한 것이 헛되지 않았군' 하고 눈물 콧물로 범벅이 되도록 감격할 것입니다. 다른 직원들도 '아, 사장님은 그렇게 오래된 일도 모두 기억하시니 내가 작년에 한 일은 더 자세히 기억하시겠지?'라고 한껏 고무될 것입니다."

고객의 불만을 처리할 때에도 사실에 근거하여 설명하는 것이 좋다. 고객과의 대화를 예로 들어보자. 당신이 "저희 회사는 고객님의 고충을 충분히 이해합니다"라고 하자, "내 고충이 뭔지 한번 말해봐요"라고 고객이 물어본다면 그의 고충이 뭔지 모르기 때문에 할 말이 없게 된다. 그러므로 말에는 객관적인 근거가 있어야 한다. 누군가 나에게 "선생님, 어떻게 그렇게나 많은 근거를 말할 수 있습니까?"라고 물었다. 그 방법은 여러분의 몫으로 남겨두겠다.

협상의 구조를 바꿔라

협상의 구조를 바꾼다는 것은 무슨 뜻인가?

구체적인 말로도 여전히 부족하다면, 때로는 협상의 구조를 바꿔야 한다. 협상의 구조를 바꾼다는 말은 무슨 뜻인가? A와 B 두 사람이 서로 욕하며 싸우고 있다고 하자. 이러한 분노는 쉽사리 가라앉지 않는다. 따라서 이런 경우에는 제3자 C를 찾아서 욕을 하는데, 이것을 '희생양 만들기'라고 한다. 협상 전문가들은 많은 사람들이 소통을 원하지 않는 것이 아니라, 속에 화가 가득 차 있어서 화를 풀어야지만 상대의 말을 진지하게 듣는다는 것을 발견했다.

우리는 모두 스트레스를 안고 살아가기 때문에 너나 할 것 없이 다른 사람을 욕하고 싶어한다. 이럴 때 방법은 하나, 제3자를 찾아 그를 욕하는 것이다. 예전에 어느 미국인이 나에게 "제가 요즘 중국어를 공부하고 있는데 중국어 욕 중에서 '타마더(他媽的 : 그의 엄마)'라는 말이 제일 마음에 듭니다. 많은 사람들이 이 말을 사용하는데 저는 욕이 아니라 일종의 말버릇이라 생각합니다만 왜 하필 우리 엄마, 네 엄마도 아니고, 그의 엄마일까요?"라고 묻기에 "그렇게 하면 누구를 욕하는지 모르기 때문이지요"라고 대답해주었다.

제3자는 누구인가?

'그의 엄마'는 바로 제3자를 가리킨다. 그러나 당신이 욕하는 제3자는 아주 먼 곳에 있는 존재로, 일종의 제도가 될 수도 있고 어떤 현상이 될 수도 있다는 점에 주의하라. 예를 들면 사회풍조가 날로 나빠지고 인심이 예전만 못하다든지 혹은 요즘 젊은이들의 작업 효율이 너무 떨어진다든지 하는 것이다. 당신이 누군가를 실컷 욕을 하고는 뒤를 돌아보았는데 그가 서 있다면 끔찍한 악몽이 아니겠는가?

화를 낼 만한 공간이 있어야 한다

원만한 인간관계를 위해서는 반드시 기본적인 마음의 준비가 필요하다. 그것은 바로 화를 낼 만한 공간이 있어야 한다는 것이다. 예를 들면, 사람들이 결혼할 때에 서명하는 혼인증서에 "본인은 결혼한 후에 절대 화를 내지 않고, 책이나 베개도 집어던지지 않고, 접시를 깨지도 않겠습니다. 만약 이를 위반할 경우에는 천벌을 받아 죽을 것입니다"라는 서약서를 첨부해야 한다면 누가 감히 결혼하려고 하겠는가? 오늘 아침 당신은 부부싸움을 했지만 금세 잊어버리기 때문에 아무렇지 않게 저녁에 집으로 돌아갈 수 있다. 그러므로 반드시 싸울 만한 공간이 있어야 한다.

식당에서 많은 것을 배워라

남녀관계가 확고해지면 솔직하게 있는 그대로의 모습을 보여주고 속 시원하게 한바탕 다툴 수도 있고 화통하게 화해할 수도 있으며, 상대방이 도망가버릴까 걱정할 필요도 없게 된다. 이러한 관계는 우리가 가장 원하는 것이기도 하다. 식당에서 이러한 모습을 쉽게 찾아볼 수 있다.

사귄 지 얼마 되지 않았을 경우 여자들은 게나 새우를 주문하길 꺼려한다. 사실 먹기 싫은 것이 아니라 먹는 모습이 보기 흉할지 않을까 걱정해서다. 하지만 두 사람의 관계가 확고해져서 남자가 도망칠 걱정이 없어지면 체면을 차리지 않고 그냥 먹는다.

미국과 일본의 고급 레스토랑에서는 접대하는 사람에게만 가격이 적힌 메뉴판을 건네고 다른 손님에게는 가격이 적혀 있지 않은 메뉴판을 준다. 그래야만 손님이 마음 편하게 주문을 할 수 있기 때문이다. 중국의 고급 음식점도 마찬가지로 손님의 메뉴판에는 음식의 가격이 적혀 있지 않지만, 미국이나 일본과는 달리 손님이 함부로 주문을 하지 못한다. 따라서 중국에서는 초대한 측이 주문하는 음식이 가이드라인이 되기 때문에 그가 어떤 음식을 주문하는지 살펴봐야 한다.

사례

한번은 친구가 밥을 사겠다고 해서 식당에 갔다. 종업원이 메뉴판을 가져다주자 밥을 사기로 한 친구가 "다들 먹고 싶은 걸 시켜" 하고 말했다. 나는 속으로 "계산할 사람이 아직 주문을 안 했는데 어떻게 먼저 시키겠어?"라고 생각했다.

그래서 내가 "자넨 뭘 먹을래?"라고 묻자 그는 "난 속이 좋지 않아서 죽을 먹어야겠어"라고 말했다.

나는 비프스테이크를 먹고 싶었지만 상대방이 죽을 먹겠다고 나오니 면 한 그릇을 주문할 수밖에 없었다. 한턱 내겠다고 한 친구가 성의를 보이지 않으니, 우리도 울며 겨자 먹기로 마지못해 간단한 식사를 주문했던 것이다.

만약 그가 "나는 해산물 세트메뉴를 먹을게"라고 먼저 말했더라면, "오늘은 비싼 걸 시켜도 되겠구나"라고 생각하여 가격에 구애받지 않고 먹고 싶은 음식을 주문했을 것이다. 주문이 끝난 후에라도 종업원한테 "손님들이 주문을 하지 못할까 봐 내가 좀 비싼 음식을 시켰습니다. 하지만 나는 속이 좋지 않으니 해산물 세트메뉴 대신 죽으로 바꿔주십시오"라고 말하는 것이 도리일 것이다.

미국인은 가끔 이런 유머를 한다. 식당 손님이 주인에게 "이 식당은 패밀리 레스토랑으로 불리기에 전혀 손색이 없네요"라고 말했다. 주인은 그 말을 듣고서 매우 기뻐하며 그 이유를 묻자, 그는 "보세요. 식사하면서 대화를 나누는 사람이 아무도 없잖아요? 하긴 부부가 집에서도 부족해서 여기에까지 와서 할 말이 있겠습니까? 그래서 식사하고는 바로 돌아가죠"라고 대답했다. 주의해서 관찰해보면 테이블마다 머리를 숙이고 말없이 식사하는 손님들은 모두 부부이고, 말이 많은 손님들은 연인들임을 알 수 있다.

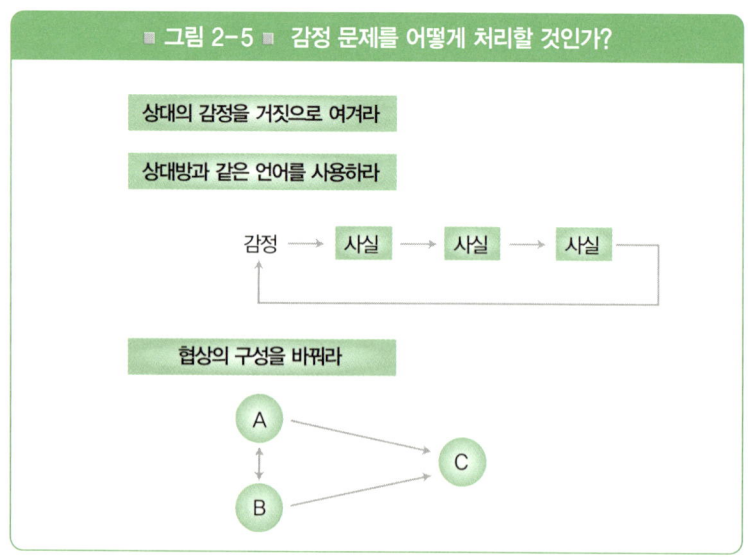

■ 그림 2-5 ■ 감정 문제를 어떻게 처리할 것인가?

상대의 감정을 거짓으로 여겨라

상대방과 같은 언어를 사용하라

감정 → 사실 → 사실 → 사실

협상의 구성을 바꿔라

A
B
C

7 상대방의 감정을
어떻게 제어할 것인가?

협상에는 일정한 리듬이 있기 때문에 충돌을 해결하는 과정에서 자신의 감정을 잘 조절해야 할 뿐만 아니라, 상대방의 감정도 제어해야 한다.

나의 느낌을 확실히 말하라

나의 느낌을 확실하게 말한다는 것은 무슨 의미인가? 예를 들어, 협상을 하는데 당신이 매우 화를 냈다면 나는 당신에게 다음과 같이 말할 것이다. "내가 당신과 친하지 않았다면, 당신이 방금 한 말에 정말 화를 냈을 겁니다." 논리적으로 말하자면, 내가 화를 내지 않은 것은 그와 친하기 때문일 뿐, 이미 화가 났다는 사실을 분명히 말해주는 것이다.

우리는 화가 나면 반드시 탁자를 내려치거나 난폭해질 것이라고 생각하는데 그렇지 않다. 탁자를 내려치지 않고 이성적으로 당신의 감정을 전달해야 한다. 이성과 감정이 결합하면 정확하게 당신의 감정을 말할 수 있다. 정확한 표현은 매우 중요한 문제다. 관리자는 남을 칭찬하든 꾸짖든 반드시 정확한 태도를 취해야 한다.

사례

어떤 사람이 당신과 인터뷰하고서 보고서를 작성하려고 한다. 그가 당신에게 "이 프로젝트의 장점이 무엇이라고 생각하십니까?"라고 묻는다면, 그저 "매우 좋습니다"라고만 말할 수는 없다. 어떤 점이 좋은지 구체적으로 말해주어야 한다.

예전에 대학에 다닐 때 고문(古文)을 가르치던 교수님이 무골호인이었다. 한번은 악필인 학생이 서예 작품을 써서 교수님에게 보여주며 "교수님이 보시기에 제 글씨가 어떻습니까?"라고 물었다. 그러자 교수님은 "좋아, 아주 좋아, 아주 까맣군"이라고 말했다. 우리는 크게 한방 먹은 듯 멍해졌다. 글자가 매우 검다는 것은 먹을 열심히 갈았다는 뜻 이상도 이하도 아니다. 그것은 마치 당신이 손님에게 차를 접대하면서 "이 차 맛이 어떻습니까?"라고 물었을 때, 그가 차에 대해 알면 "이건 우전(雨前)이군요. 혹시 무슨 차입니까?"라고 말할 것이고, 반면 차에 대해 무지하다면 "아주 좋군. 아주 뜨거워"라고 말하는 것과 같은 이치다. 아주 뜨겁다고만 대답하는 것은 아무런 의미가 없다. 당신은 자신의 감정을 정확하게 말할 수 있어야 한다.

외국인의 경우도 마찬가지다. 갈수록 국제화되어가면서 외국인과의 협상이 빈번해지고 있다. 일반적으로 미국인은 매우 과장되게 말하는 경향이 있다. 내가 미국에서 갓 돌아와 타이완에서 강의할 때 나도 모르게 이런 습관이 생겼다는 것을 발견했다.

사례

1989년 인도네시아로 여행을 갔을 때. 입국 심사대에서 여권검사를 했다. 그들은 내 여권을 한참 동안 보고서는 돌려줄 생각을 하지 않았다. 나는 속으로 "무슨 문제가 있나? 왜 아직도 안돌려주는 거지?"라고 생각했다. 그래서 긴장된 분위기도 풀 겸미국인식으로 아첨하기 시작했다. "인도네시아는 위대한 나라입니다." 미국인들은 이런 말을 들으면 보통 "고맙습니다"라고말하지만, 인도네시아인은 달랐다. 그는 고개를 들고 나를 어리둥절한 표정으로 쳐다보더니 그 이유를 물었다. 아무 생각 없이한 말인데 어떻게 그 위대한 점을 설명할 수 있겠는가. 결국 할말을 잃고 당황했던 기억이 있다.

남에게 아첨을 하거나 꾸짖을 때에도 정확성이 필요하다.

당신이 관리자로서 아랫사람에게 "김 대리, 당신은 하루도 제 시간에 출근하는 날이 없군요"라고 말했다고 하자.

김 대리는 "월요일, 화요일은 제시간에 출근했습니다"라고 대답한다.

그 말을 듣고 당신은 계속해서 "제시간에 출근하는 건 당연한 것 아닌가. 무슨 염치로 그런 말을 하는 건가?"라며 꾸중한다.

김 대리는 속으로 "제시간에 와도 알지도 못하고, 아무리 열심히 해봤자 소용이 없어. 나도 이제는 포기하겠다"라고 생각할 것이다.

그래서 남을 꾸중할 때에는 분명하게 말해야 한다. 당신은 이렇게 말할 수 있다. "김 대리, 내가 가만히 살펴보니 월요일, 화요일을 제외하고 수요일, 목요일, 금요일은 매일 적어도 10분 이상은 지각을 하는 것 같은데."

그러면 그는 늦게 출근한 이유에 대해서 설명할 것이다.

이때 당신은 "괜찮아요. 그러나 다음 주부터는 늦지 마세요"라고 대답할 수 있다.

관리자가 사실을 정확하게 말해야 아랫사람은 책임감을 느낄 것이다. 부하직원을 칭찬하거나 꾸중할 때 정확성 없이 함부로 이야기한다면, 사람들은 당신이 히스테리를 부리는 것쯤으로 생각하고 넘길 것이다.

비판이 아닌 검증을 사용하라

아무것도 아닌 일을 함부로 비판해서는 안 된다. 확실하지도 않으면서 다른 사람이 틀렸다고 말하면 오히려 반발을 불러일으킬 수 있다. 그래서 우리는 보통 "김 대리, 우리가 사용한 데이터가 다른 것인지, 아니면 통계 내는 방법이 잘못된 것인지 한번 연구해보세요"라고 말한다. 조사하고 검증하는 과정에서 문제가 있는지 살펴보아야지, 단순한 비판으로 상대방을 비난해서는 안 된다. 이것은 기업 내부에서 협상할 때 잊지 말아야 할 기본 자세다.

중요하지 않은 문제라도
신중히 사과하라

상대방에게 함부로 사과해서는 안 된다. 그럴 경우 뒤에 법률적인 문제가 따라올 수도 있다. 회사 내에서 부득이 사과를 해야 하는 경우에는 사과할 수 있지만, 지나치게 사과를 하는 것은 좋지 않다.

경우에 따라서는 사의만 표하고 사과까지 할 필요는 없다. 예를 들어 오늘 날씨가 매우 더운데, 전국 각지에서 업무 토론회에 참석하고자 사람들이 서둘러 왔고, 당신이 회의를 주재하는 입장이라면 "무더운 날씨에도 불구하고 이렇게 각지에서 많은 사람들이 참석해주셔서 정말 감사합니다"라고 해야지 "무더운 날씨에 멀리 계시는 분들을 오시라고 해서 정말 죄송합니다"라고 해서는 안 된다.

고객의 불만을 처리할 때도 마찬가지다. 명백한 잘못이 발견되기 전까지는 절대 함부로 사과해서는 안 된다. 예를 들어보자. 당신이 내 가게에서 물건을 구입한 후 문제가 발생했다면 당신은 내게 달려와 따질 것이다. 나는 아마도 내 잘못이 아닐 것이라고 생각하지만 당신은 나한테 사과를 강요한다. 그러면 나는 다음과 같이 말해야 할 것이다. "정말 죄송합니다. 제가 사과를 드리죠. 물건을 함부로 다루면 고장 나기 쉽다는 것을 여러 차례 말씀드려야 했는데 그러지 못했습니다." 그렇게 말함으로써 사실 물건이 고장 난 것은 당신이 함부로 사용했기 때문임을 분명히 하는 것이다.

그렇다면 심각한 잘못에 대해서는 어떻게 사과할 것인가? 예를 들어보자.

사례

한 수강생이 재미난 이야기를 들려주었다. 그녀와 그녀의 남편은 타이베이 근교에 사는데, 시어머니가 시골에서 올라와 잠시 머무르게 되었다고 했다. 시어머니는 저녁밥을 일찍 먹고 야식을 먹는 습관이 있었다. 맞벌이를 하는 그녀로서는 매일 시어머니에게 야식을 만들어드리는 게 결코 쉬운 일이 아니었다. 하루 종일 일하느라 피곤한 몸으로 집에 오면 어린아이도 돌봐야 했기 때문이다.

그러던 어느 날 그녀는 깜빡 잠들어버리는 바람에 시어머니의 야식을 챙기지 못했다. 다음 날 아침 그녀는 시어머니가 남편에게 자기를 비난하는 소리를 들었다. "네 처가 날 굶겨 죽이려는 게야. 어떻게 야식도 주지 않고 잠잘 수가 있니?" 그녀는 몹시 화가 났다. "내가 잠들었을 때 당신 자식은 깨어 있었는데, 왜 아들이 해주면 안 되고 꼭 며느리가 해야 하는 거지?"라는 생각이 들었다.

당신이 만약 이런 상황에 놓였다면 어떻게 충돌을 해결하겠는가? 자칫 잘못했다간 고부간의 갈등만 증폭될 수 있는 상황이다. 내 수강생은 어디서 그런 방법을 배웠는지는 모르겠지만 현명하게 대처했다. 그녀는 시어머니가 남편에게 불평하는 소리를 듣자마자 바로 나가서 무릎을 꿇고 말했다. "어머님, 제가 잘못했어요. 마땅히 야식을 드려야 했는데 그러지 못했습니다." 시어머니는 깜짝 놀랐다. 속으로는 "무릎을 꿇을 만큼 잘못하지는 않았는데?" 싶었다. 서로가 미안했을 것이다.

그 후로 시어머니와 며느리의 관계는 아주 좋아졌다. 그리고 시어머니가 직접 야식을 만들어 먹기 시작했다. 사실 시어머니가 바랐던 것은 며느리가 직접 야식을 만들어주는 것이 아니라, 누군가의 관심이었던 것이다.

마치 늙은 부모님이 편찮을 때, 어떻게 부모님의 아픔을 함께 나누느냐는 것과 같다. 예를 들어 편찮은 아버지한테 "아버지, 괜찮아요. 대수롭지 않으니까 금방 나을 거예요"라고 말하면, 아버지는 오히려 화를 내며 "넌 내가 아파 누워야 심각하게 생각할 거냐? 내가 죽은 후에나 신경을 쓰겠구나?"라고 말할 것이다.

이럴 때는 우선 아버지의 걱정을 나누어 가진 후에 위로해야 한다. 그것이 아버지의 병세에 관심을 보이는 올바른 방법이다. 그렇지 않고 바로 아버지를 위로하는 것은 순서가 잘못되었다. 어린 아이가 넘어져 울면, 부모는 "착하지. 괜찮아, 안 아파"라고 말한다. 아이는 분명 아플 게 뻔한데 말이다. 이럴 때는 "많이 아프지, 아이쿠, 많이 아프겠다"라고 말해야 아이가 마음을 놓을 것이다. 당신은 상대방이 당신에게 동의할 때까지 계속해서 상대방에게 동의해주어야 한다. 이것이 협상 이론에서 말하는 '순리대로 말하기[順說]'다. 그리고 이와 반대되는 것이 '거슬러 말하기[逆說]'다.

사람들은 종종 나에게 이런 말을 한다. "어떤 사람이 집에 안 좋은 일이 생겼다고 말하면 어떻게 위로해야 할지 모르겠습니다." 당신이 사회생활을 하는 사람이라면 남한테 적절한 위로의 말을 할 줄 알아야 한다. 힌트를 주자면 어떠한 갈등 상황에 부딪치게 되면, 단지 그 일에 따라서 순리대로 말하면 된다.

당신은 하루 종일 일을 하느라 지쳐 있는데, 역시 맞벌이를 하는 아내가 그날 사무실에서 있었던 일을 한참이나 떠든다. 아내의 말이 끝나자 당신은 매우 냉정하게 아내에게 해답을 주면서 "사실 내가 들어보니 전부 당신이 잘못한 것 같아"라고 말한다면 장담컨대 오늘 저녁은 얻어먹기 힘들 것이다. 사실 그녀는 시시비비를 가리고 싶었던 것이 아니라, 당신과 함께 감정을 나누고 싶었던 것이다.

입장 바꾸기로
상대방을 진정시켜라

'입장 바꾸기'란 무엇인가? 몇 가지 예를 들어보겠다.

사례

1988년 미국에서 박사학위를 따고 타이완에 돌아왔을 때 나는 당시 타이완에서 가장 큰 신문사인 중국시보(中國時報)로부터 국제 뉴스센터 주임을 맡아달라는 요청을 받았다. 나는 국제정치를 전공한 사람이 신속하게 국제적 사건을 접할 수 있는 것도 좋겠다는 생각이 들어 그 제의를 수락했다.

당시 내 밑에는 39명의 부하직원이 있었는데, 서른 살이 채 안 되는 나보다 어린 사람은 겨우 세 명이고, 나머지는 모두 나보다 나이가 많았다. 그 중에 나보다 여덟 살이 더 많고 매사에 적당히 넘어가기를 좋아하는 사람이 있었다. 신문사는 모두 저녁에 출근을 하는데 그는 종종 외근을 나가서는 한참 동안 돌아오지 않는 경우가 많았다. 어떤 때는 참다 못해 그를 찾아내어 호되게 꾸짖기도 했다. 그는 꾸중을 듣고 나면 감정을 다스리지 못해서 일하는 데 실수를 연발하곤 했다.

한번은 꾸중을 듣고 나서도 나가지 않더니 내 책상에 놓인 센트룸을 보고 말했다. "주임님도 이 비타민을 드세요?" 나는 그렇다고 했다.

그러자 그는 5분 동안이나 어떻게 하면 건강을 지킬 수 있는지에 대해 이야기했다. "주임님, 건강이 제일 중요합니다. 주임님처럼 건강도 돌보지 않고 양초 양끝을 태우듯, 낮에는 학교에서 강의하고 밤에는 이 일을 겸임한다면 나중에 내 나이쯤 되면 정말 힘들어질 겁니다"라고 말했다.

그와 나는 센트룸이 좋은지, 종합비타민제가 좋은지, 아니면 고려홍삼정이 좋은지 머리를 맞대고 연구했고, 결국 고려홍삼정을 사먹기로 결정했다.

그는 나와 5분 동안 이야기하면서 마음의 안정을 찾았다. 이것이 바로 '입장 바꾸기'다. 그 후 직장에서는 그가 부하지만 사적인 자리에서는 나의 형님이 되었다. 이렇게 내가 입장을 적절

누군가 "우리 사장님이 선생님 강의를 들은 적이 없어서 우리를 진정시키지 못하면 어떻게 해야 합니까?"라고 물었다. 그럴 때에는 여러분 스스로 갈등을 완화시키는 것이 좋다. 가장 좋은 방법은 마음의 안정을 찾아주는 책 한 권을 서랍 속에 넣어두는 것이다. 그리고 사장한테 꾸지람을 들을 때마다 그 책을 꺼내 읽는다. 그러면 침울한 기분에서 조금씩 벗어나게 된다.

보통의 경우 나는 시집을 읽으라고 권한다. 중국 시는 두 가지 좋은 점이 있다. 하나는 짧다는 것이고, 다른 하나는 자신의 상황을 전환시킬 수 있다는 것이다. 무협소설은 넣어두지 않는 것이 좋다. 한번 읽기 시작하면 중독되기 쉬워서 당신이 책을 덮을 때쯤이면, 모두들 퇴근하고 없을 테니깐 말이다.

현대인은 일에 쫓겨 늘 피곤하고 마음이 불안한 상태다. 당신은 침대 머리맡에 어떤 책을 놓아두는가? 내가 생각하기에 그 책은 반드시 격리작용을 하는 책이어야 한다. 어떤 사람은 침대 머리맡에 탐정소설을 놓아둔다고 한다. 그 책이 완전히 다른 세계로 이끌어준다는 것이다. 또 어떤 사람은 고전을 좋아한다. 당신이 재무 관련 일을 한다고 해서 반드시 재무 책만을 볼 필요는 없다. 침대에서까지 그런 책을 본다면 잠이 쉬 오지 않을 것이다.

상대방에게 변명거리를 주어라

사람은 종종 변명에 의지해 자신의 위치를 지켜나간다. 따라서 협상을 할 때 당신은 상대방에게 변명할 여지를 남겨두어야 한다.

사례

당신은 지각을 한 부하직원에게 "김 대리, 왜 늦었습니까?"라고 물어본다.

그는 얼떨결에 "오늘 아침 감기에 걸렸습니다. 머리도 아프고요"라고 대답한다.

당신은 그것이 거짓말이라는 걸 뻔히 알면서도 "좋습니다. 건강이 중요하죠. 내일은 지각하지 마세요"라고 말해야 한다.

이번이 처음이기 때문에 그냥 넘어가야 한다. "감기라고요? 믿지 못하겠군요. 의무실에 가서 진짜 열이 있는지 검사해봅시다"라고 말해서는 안 된다.

때로는 사람들에게 변명할 여지를 주어야 한다.

오늘 저녁 7시에 집으로 손님을 초대했다고 하자. 6시 반에 다른 손님들은 모두 도착했는데 중요한 손님 한 명이 도착하지 않았다. 7시 반이 되어서야 그 손님은 초인종을 누른다. 이때 다른 사람들은 너무 배가 고파서 뱃가죽이 등에 붙을 지경이다. 당신이 나가서 문을 열어주었을 때 당신이나 그나 모두 난처할 것이다. 그래서 문을 열자마자 그에게 핑계거리를 주어야 한다. "차가 많이 막히죠?"

사실 이것은 칼의 양날과 같다. 이때 당신은 그에게 "당신이 늦을 수밖에 없었던 변명거리를 미리 준비해뒀습니다. 그냥 따르면 됩니다"라고 말하고 있는 것이다.

그러면 그 손님은 분위기를 보고 "아이고, 정말 죄송합니다. 오늘 교통 상황이 좋지 않았습니다. 제가 좀 일찍 나왔어야 했는데"라고 말할 것이다.

물론 핑계거리를 만들어주어도 활용하지 못하는 사람도 있다. 예를 들어 "차가 많이 막혔나 보군요?"라고 말했는데 그는 눈치 없이 이렇게 말한다. "아닙니다. 교통 상황은 정말 좋았습니다. 제가 좀 늦게 출발한 것이 문제죠." 그러면 순식간에 분위기가 어색해질 것이다.

10여 년 전의 일이다. 타이베이에서 강연을 하러 가기 위해 택시를 탔다. 그런데 택시 미터기가 잘못되어 요금이 껑충껑충 올라가는 것이었다. 나는 미터기가 분명히 조작되었다는 확신이 들어 택시기사에게 "기사양반, 택시의 미터기에 문제가 있습니다"라고 말했다.

그런데 택시기사를 보는 순간 큰일 났다고 생각했다. 그는 러닝셔츠 차림이었는데 한쪽 어깨에는 용이, 다른 쪽 어깨에는 호랑이 문신이 새겨져 있었다. 그는 미터기에 이상이 있다는 내 말을 듣고는 작은 상자에서 뭔가를 찾는 듯했다. 이 택시 안에서는 가만히 있는 게 상책이라는 의미였다. 그래서 나는 바로 화제를 바꾸어 그에게 말했다. "내가 볼 때 미터기에 문제가 있어요. 아마도 미터기를 만든 사람이 당신을 속였을 겁니다. 미터기 제작자가 불법으로 미터기를 조작하는 바람에 당신만 억울한 누명을 쓰는군요."

이렇게 우리 두 사람은 욕을 했다. 누구를 욕했을까? 바로 그 미터기를 만든 사람이다. 목적지에 도착하자 그는 나에게 "선생, 그럼 얼마를 내겠소?"라고 묻기에, 나는 "미터기에 나와 있는 대로 낼게요. 하지만 꼭 미터기를 바꾸세요. 그렇지 않으면 계속 억울한 누명을 쓰게 될지도 모르잖아요"라고 말했다.

그는 연신 "네, 네, 알겠습니다"라고 말했다.

사실 뭐가 억울한 누명인가? 분명 택시기사가 미터기를 조작한 것인데 말이다. 하지만 내가 만일 핑계거리를 주지 않고 몰아붙였다면 그는 순순히 인정했을까? 그에게 핑계거리를 만들어준 것은 부당하게 많은 돈을 지불하는 억울함 때문이 아니라 바보같이 속아넘어 가는 게 아니라는 점을 확실히 해두고 싶었기 때문이다. 나는 택시기사의 속임수를 한눈에 알아차렸고, 그저 그에게 핑계거리를 찾아주었을 뿐이다.

때때로 나는 당신에게 변명거리를 주지만 그것을 폭로하지는 않는다. 왜냐하면 당신에게 변명할 여지를 주면 전환이 생길 수도 있기 때문이다. 그렇지 않으면 다음번 관계를 생각할 수 없다.

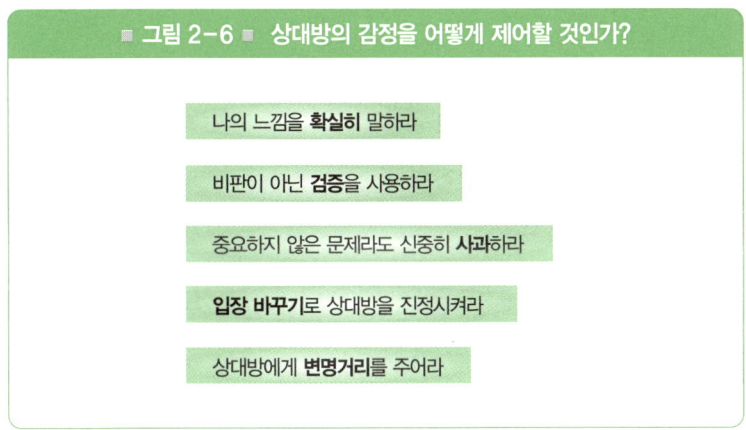

■ 그림 2-6 ■ 상대방의 감정을 어떻게 제어할 것인가?

나의 느낌을 **확실히** 말하라

비판이 아닌 **검증**을 사용하라

중요하지 않은 문제라도 신중히 **사과**하라

입장 바꾸기로 상대방을 진정시켜라

상대방에게 **변명거리**를 주어라

3

상사와 부하 간 협상의
전략 활용

부하직원과의 협상 | 상사와의 협상 |

상사가 불쾌하지 않게 거절하기 | 부하직원이 상처받지 않게 거절하기 |

COMMUNICATION

1 부하직원과의 협상

사무실 내에서 유리한 지점을 선택하라

당신이 어떤 직위에 있든지 간에 당신의 권력이 어디에 있는지를 분명히 알아야 한다. 예를 들면, 인사권을 관장하고 있는지, 재무권을 관장하고 있는지, 아니면 사람을 관리하는지 돈을 관리하는지를 알아야 한다. 그 밖에 주변 환경과 분위기가 어떤지도 체크해야 한다. 사무실 내에서 당신의 목소리가 크다면, 그것은 당신이 권력을 갖고 있다는 뜻이다. 그러다가 사무실을 벗어나면 마치 갑옷이 벗겨진 것처럼 다른 느낌이 들고, 이러한 느낌은 회사 건물을 벗어나면 더욱 확연해질 것이다.

내가 당신의 상사라면 당신이 문제를 일으켰을 때 내 방으로 불러 면담을 할 것이다. 내 사무실에서는 모든 분위기가 나에게 유리하기 때문에 앉아서 정중하게 상대방과 이야기할 수 있다.

보통 사무실에는 큰 탁자가 하나 있고, 탁자 앞에는 두 개의 의자와 그 옆에 L모양의 소파가 있다. 상대방과 대화할 때 내가 그렇게 높은 사람은 아니라는 것을 보여주기 위해 그를 소파에 앉도록 권할 것이다. 상대방을 소파에 앉게 하는 목적은 내가 접근하기 쉬운 사람이라는 것을 나타내기 위해서만은 아니다. 또 다른 이유는 서로 마주 보며 앉는 것이 아니라 각을 두고 앉을 수 있다는 것이다. 마주 앉은 채 상사가 부하직원을 빤히 쳐다보면 무척 불편할 것이다. 당신이 상사와 각자 의자에 앉아 서로 마주 보고 있다고 상상해보라. 업무에 대해서 이야기하는 경우가 아니라면 적대적인 분위기가 더해질 것이다. 하지만 각을 두어서 앉으면 비교적 편안한 마음으로 소통할 수 있다.

상대방을 어떻게 당신의 사무실로 들어오게 할 수 있는가?

당신은 어느 날 공장 안에서 어떤 사람이 소란을 피우고 있는 것을 발견했다. 많은 사람들이 그 주위를 둘러싸고 구경하고 있다면, 어떻게 그를 사무실로 불러 이야기할 수 있을까? 몇 가지 대처 방법을 알려주겠다.

보통 이런 상황에서는 다음과 같이 말한다. "당신의 말도 일리가 있지만, 단지 한 부분만을 보고 있는 것 같군요. 관리자라면 여러 가지 면을 볼 줄 알아야죠. 내가 한 번에 모든 것을 정확히 말하기는 어려우니 내일 오후 2시에 내 방으로 오면 설명해드리죠." 먼저 그의 말이 터무니없다고 해서는 안 된다. 그렇게 말할 경우 그는 줄곧 당신과 맞서 싸우려고 할 것이다. "일에는 여러 가지 측면이 있다. 당신은 한 면만 봐도 되지만, 나는 관리자로서 여러 측면을 봐야 한다"는 것을 알려주어라. 그에게 구구절절 설명할 필요 없이 몇 시까지 당신 방으로 찾아오게 하라.

그의 질문이 너무 광범위하고 구체적이지 않다면 이렇게 대답할 수 있다. "기꺼이 대답해드리겠습니다. 하지만 이 문제는 중대한 사안입니다. 내일 오후 2시까지 내 방으로 오면 대답해드리죠."

그의 질문이 너무 구체적이라면 이렇게 대답할 수 있다. "질문이 너무 구체적이고 단편적이네요. 상황을 이해하려면 인과관계를 알아야지 일부만 봐서는 안 됩니다. 일의 경위를 알고 싶다면 내일 오후 2시까지 내 방으로 오세요. 그때 상세하게 설명해드리죠."

요컨대 그의 말이 구체적이라면 인과관계를 알아야지 일부만 보고 판단해선 안 된다는 것이다. 그의 말이 매우 추상적이라면 그가 문제를 구체화시키도록 할 수 있다. 그가 큰 문제를 말하면 나는 작은 것을 대답하고, 그가 작은 문제를 말하면 나는 큰 것으로 대답하는 것이다. 목적은 그를 나의 방으로 오게 하는 것이지, 길에서 그와 토론할 필요는 없다.

언제 사무실 밖으로 나가
이야기하는 것이 적당한가?

상대방과 충돌이 빚어질 때는 그를 당신 방으로 불러 이야기할 수 있다. 충돌이 없을 때는 어떻게 할 것인가? 예를 들어 부서 간의 소통은 보통 회의실에서 토론하는 것이 공평하지만, 내가 상사라면 모든 사람의 의견을 수렴해야 하기 때문에 사무실 이외의 장소를 택해 이야기할 것이다. 예를 들면 회사에서 개최하는 야유회나 등산을 갈 때 기회를 봐서 부하직원과 이야기할 수 있다.

COMMUNICATION

2 상사와의 협상

어떤 장소를 선택할 것인가?

상사와 협상하거나 소통할 때 적절한 장소를 선택하는 것이 중요하다.

부하직원과 대화할 때는 비공식적인 장소를 선택할 수 있다. 비공식적인 장소에서 이야기하면 어떻게 말할지, 어떤 질문을 할지 그다지 문제가 되지 않는다. 왜냐하면 상대방이 반드시 대답할 필요가 없기 때문이다. 사무실에서는 다르다. 부하직원이 공식 문서를 작성해 들어오면 당신은 거기에 대한 회답을 해주어야 한다.

점심식사 후에 차를 마시는데, 상사가 저쪽에서 차를 마시고 있다. 부하직원은 상사에게 "부장님, 오셨습니까?"라고 인사를 한다.

상사는 "김 대리, 어떤가? 요즘 잘 지내지?"라고 말한다.

사실 그것은 상투적인 인사말이었을 뿐인데 부하직원은 그 질문에 진지하게 대답한다. "별로 잘 지내지 못합니다. 어제 아내한테 욕을 먹었거든요" 하고 말이다.

상사는 못 들은 체할 수 없어서 농담으로 말한다. "자네가 분명 잘못을 했겠지."

그러자 부하직원은 "아닙니다. 아내는 제가 회사에 입사한 지 그렇게 오래되었는데도 월급이 오르지 않는다고 불평이에요"라고 설명한다.

부하직원은 "내가 굳이 당신의 대답을 기대하지는 않지만, 나도 월급이 오르길 바란다는 걸 알아두세요. 말 안 하고 있다고 아무런 불만이 없다고 생각하면 안 됩니다"라고 말하고 있는 것이다. 이에 대해 상사가 대답하고 안 하고는 상관이 없지만, 부하직원은 그런 식으로 자신의 의견을 전달한 셈이다.

때로는 부하직원이 비공식적인 장소를 선택해 상사와 이야기할 수도 있다. 예를 들어 회사에서 등산 가는 날 부장 옆에서 걸으면서 말을 걸어볼 수 있다. 상사는 그가 얼마나 힘들게 자신의 옆자리까지 왔고, 자신에게 하고 싶은 말이 무엇인지, 부하직원이 얼마나 고생을 하고 있는지 이해해야 한다. 별 관심 없이 "김 대리, 용건이 있으면 내일 사무실에서 다시 말하고 오늘은 등산만 합시다"라고 말한다면 얼마나 힘이 빠지겠는가?

장소의 선택은 미묘한 것이다. 상황에 따라서 공식 혹은 비공식적인 장소를 선택해야 한다. 여기서 정확히 해야 할 것은 '비공식적인 장소'를 택해야지 '부적절한 장소'를 택해서는 안 된다는 것이다. 부적절한 장소는 대체로 잘 통하긴 하지만 협상하기에 적당하지 않다.

쌍방의 태도를 잘 통제하라

예의, 기대와 기한

협상할 때는 태도에 주의해야 하며, 다른 문제가 파생되지 않도록 해야 한다. 여기에는 예의와 기대, 기한의 문제가 관련이 있다.

중국인들은 보통 서열을 따지지 나이를 따지지는 않는다. 내가 매니저나 부서장으로서, 당신 부서의 상사는 아니지만, 당신보다 직위가 높으면 나에게 깍듯이 대할 것이다. 예를 들어 회사에 A, B 두 부서가 있는데, 나는 A부서의 직원으로, B부서의 장에게 일을 부탁해야 한다면, 당연히 예의를 갖추어야 한다. 그렇지 않으면 설사 그가 틀렸다 하더라도 나는 예의 없는 사람이 되어 불리해진다.

예를 들어 그에게 어떤 자료를 부탁하려면, 나름대로 기한이 있게 마련이다. 하지만 그의 직위가 나보다 높기 때문에 그에게 기한을 요구하기가 어려워 "김 부장님, 수요일에 오면 되겠습니까?"라고 말할 수밖에 없다. "김 부장님, 기한은 수요일까지입니다. 그때 가지러 오겠습니다"라고 말해서는 안 된다. 같은 기한이지만 표현의 차이가 매우 크기 때문에 이런 작은 점에도 유의해야 한다.

체면을 세워주고 속내를 바꾸라

부하직원이 상사와 협상할 때는 반드시 상사의 체면을 세워주고 속내를 바꿔야 한다. 상사는 부하직원보다 훨씬 더 체면을 중시하게 마련이다. 체면을 잃게 되면 상사로서의 위신이 없어지고 더 완전히 지게 되기 때문이다. 따라서 부하직원이 상사와 체면을 두고 필사적으로 싸운다면, 결국 양쪽 모두 손해를 보겠지만, 더 처참하게 당하는 쪽은 부하직원이다. 그러므로 부하직원은 반드시 상사의 체면을 세워주고 속내를 바꿔야 하며, 예의를 갖추어야 한다. 특히 상사가 당신에게 질투심을 느끼거나 불만이 있을 때에는 사소한 일 하나에도 주의해야 불필요한 문제가 발생하는 것을 막을 수 있다.

회사 내부의 상황은 각자 문제가 있기 때문에 매우 복잡하다고 할 수 있다. 한 가지 예를 들어보자.

사례

수강생 중 한 명이 이전에 타이완의 유명한 홍지 컴퓨터 회사에서 일하다가 다른 컴퓨터 회사로 직장을 옮겼다. 그 회사의 부사장도 홍지 컴퓨터 회사 출신으로 그를 보자 반가워서 "자네가 우리 회사에 오게 되어 매우 기쁘네"라고 말했다. 그러고는 부사장은 너무 바빠서 직접 면접을 보지 않고 다른 감독관에게 면접 보게 했다. 그 감독관은 그에게 호의적으로 대했다. 그는 "홍지 컴퓨터의 유럽 파트가 일 잘하기로 소문이 나 있는데, 거기서 당신이 부매니저를 맡았다고 하니, 우리 회사에 와서도 유럽 파트를 맡으면 되겠네요"라고 말했다. 수강생은 그 이야기를 듣고 매우 기뻐했지만, 그것은 계산 착오였다.

그가 부매니저로 입사해서 보니 직속 상사가 다른 매니저였다. 그런데 왜 그 매니저가 면접을 보지 않았던 것일까? 그 이유는 매니저와 감독관의 사이가 좋지 않았기 때문이다. 두 사람이 사이가 안 좋다는 것은 온 회사 사람이 다 아는 사실이었다.

그가 입사한 후에 매니저가 이렇게 말했다.

"감독관이 당신 면접을 본 것으로 아는데, 분명 날 감시하도록 당신을 보냈겠죠?"

수강생은 "아닙니다. 저와 감독관은 모르는 사이고, 저는 단지 부사장님과 아는 사이입니다"라고 말했다.

하지만 매니저는 그의 말을 믿지 않고 "내가 당신의 직속 상관입니다. 어쨌든 두 사람이 면접 때부터 이야기가 잘 통했다고 하니, 분명 그쪽 사람이겠죠"라고 말했다.

원래 감독관은 그를 유럽 파트로 발령을 내려고 했지만, 매니저가 끝내 동의하지 않았다. 그러자 그는 수강생을 아시아 파트로 보냈다.

아시아 파트 일을 막 시작한 그가 하부의 업무 상황을 파악하려고 했지만 수월치 않았다. 매니저가 부하직원에게 "만일 부매니저가 와서 자료를 요구하면 무시해버리고, 나한테 이야기하세요"라고 당부해둔 터였다. 결국 내 수강생은 자료조차도 구하기가 어려운 상황에 처했다.

매니저와 감독관의 충돌은 이미 오래된 것이다. 감독관은 입사한 지 겨우 2년인 반면에, 매니저는 벌써 6년째이니, 6년차가 2년차를 무시하는 것이다. 게다가 6년차는 30대이고, 2년차는 40대라서 둘 사이에는 세대 차이뿐만 아니라 경력과 직위라는 걸림돌이 있었다. 두 사람의 다툼은 결론이 나지 않았다.

내 수강생은 그들 사이에서 꼬박 1년을 고생했다. 얼마 전 그는 나에게 "선생님, 결국은 그 부서에서 빠져나와서 지금은 유럽 파트에서 일하고 있습니다. 고래 싸움에 새우 등 터진다고, 제가 그 사이에 끼어서 얼마나 힘들었는지 아십니까?"라고 했다. 이러한 분쟁은 직장을 옮길 때 전혀 생각지도 못했던 것이다.

《손자병법》에서 배우는 이직(移職)의 지혜

《손자병법》은 직장을 옮길 때 무엇에 주의해야 하는지를 가르쳐준다.

첫째, 당신은 제후의 책략을 이해해야 한다. "제후들의 계략을 알지 못하면 외교 관계를 수립할 수가 없다." 이 말은 당신이 상사의 생각을 어느 정도 이해하는가에 따라 상사의 당신에 대한 지지도가 달라질 수 있다는 것이다. 당신은 제후의 책략을 안다는 전제 위에서 소통의 중점을 파악할 수 있다.

둘째, 당신은 '산림, 장애물, 늪의 형세'를 이해해야 한다. "산림, 장애물, 늪의 지형을 모르는 자는 행군할 수 없다." '산림, 장애물, 늪의 지형'이라 함은 옮겨가려는 회사에 분규 혹은 장애물이 없는가 하는 것이다. 만일 그곳에 악어가 있는데 당신이 조심하지 않고 들어가면, 바로 잡아먹히고 말 것이다.

셋째, 지형을 잘 아는 자가 있어야 한다. "지형을 잘 아는 자를 이용하지 못하면 지리적인 이득을 얻을 수 없다." 회사를 옮길 때 어떤 사람은 자기 스스로 추천을 한다. 하지만 이런 결과는 자신을 낮추는 것밖에 되지 않는다. 그래서 지형을 잘 아는 자가 있어야 한다. 예를 들면 헤드헌팅 회사나 기타 인맥 관계가 있는 사람이다.

어떤 이는 "많은 사람이 직장을 옮길 때 '지형을 잘 아는 사람'이 있고, '제후의 책략'은 알 수도 모를 수도 있지만, '산림, 장애물, 늪의 지형'은 모르는 경우가 많습니다"라고 말한다. 새로운 회사 사람들은 겉으로는 당신을 환영하지만 곧 당신을 괴롭히기 시작한다. 참다 못한 당신이 상사에게 괴로움을 호소하면서 "부하직원이 저를 무시합니다"라고 하면 상사는 그들에게 "무슨 짓들입니까? 새로 온 동료를 잘 대해줘야지"라고 꾸짖고는 가버린다. 상사가 자리를 뜨면 그들은 다시 당신을 괴롭힐 것이고, 당신이 매번 상사에게 알리면, 나중에는 상사도 귀찮아할 것이다. 이렇게 되면 어떤 상황도 해결될 수 없을 뿐 아니라 상사도 더 이상 당신을 신뢰하지 않아 매우 힘든 상황이 될 것이다.

한번은 한 외자기업에서 강연을 하는데, 그 회사 직원이 자신이 처한 어려움을 털어놓았다. 그는 업무체계상 A부서에 보고를 하지만, 그의 역할은 B부서를 돕는 것이었다. 그런데 A부서와 B부서가 머지않아 통합될 예정이라서 중간에 낀 그의 입장이 아주 힘들다고 했다. B부서에서 어떤 행사가 있어도 맘대로 가지 못하고, 먼저 A부서에 동의를 구해야 했다. 이러한 경우 그의 상사는 A부서일 수도 있고 B부서일 수도 있으며 감독관일 수도 있고 매니저일 수도 있고 부사장일 수도 있어서 '상사'는 추상적인 개념이 된다.

높게 불러서 낮게 가라

일반적으로 부하직원이 상사와 소통을 할 때에는 높게 불러서 낮게 가도록 제안한다. 이것은 매우 중요하다. "높게 불러서 낮게 가라"는 것은 무슨 의미인가? 예를 들어 보자.

만일 내가 사장에게 월급 인상을 요구한다면 어떻게 협상할 것인가? 어떤 미국인이 공자가 어떻게 월급 인상을 요구했는지에 관해 쓴 책이 있다. 그 책은 사무실 내에서 일어나는 많은 문제들을 다루고 있다. 나는 그 책을 보자마자 무척 흥미를 느껴 구입했다. 공자는 전혀 월급 인상을 요구할 줄 몰랐고, 자신의 가치를 높여

사장이 스스로 월급을 인상해주도록 했다고 한다. 하지만 요즘은 이런 사장을 보기 힘들고 대부분 아낄 수 있는 것은 최대한 아끼려 한다. 그러므로 당신이 월급 인상을 원한다면 사장에게 직접 요구하는 수밖에 없다. 이때 중요한 것은 당신이 어떤 식으로 말을 하는가다.

당신의 요구를 말하라

당신이 100만 원의 임금 인상을 요구한다면, 사장에게 100만 원을 올려달라고 말하라. 사장은 당연히 100만 원을 올려주지 않을 것이다. 약한 것으로 강한 것을 대처한다면, 당신이 높게 불러도 그 금액을 얻어낼 수는 없다. 높게 불러서 높은 금액을 얻어낼 수 있다면, 당신이 이긴 셈이다. 그러므로 당신이 100만 원을 요구할 경우 사장은 아마도 70만 원만 주려고 할 것이다. 그렇다면 당신은 이렇게 말해야 한다. "사장님, 좋습니다. 70만 원을 받아들이겠습니다. 하지만 제가 실제로 요구한 금액은 100만 원이라는 것을 아셔야 합니다." 높은 액수를 제시하는 목적은 당신의 요구를 알리고, 동시에 양보의 공간을 남겨두기 위해서다.

한 번에 요구를 말하라

뭔가를 요구할 때는 한 번에 말해야 한다. 나의 경우를 예로 들어보겠다. 미국에서 유학한 나는 베이징의 한 회사로부터 스카우트 제의를 받았다. 그들은 나에게 "당신을 베이징으로 모셔서 같이 일하고 싶은데, 어떤 요구조건이 있습니까?"라고 말했다. 그래서 나는 "높은 연봉과 개인 사무실, 비서, 그리고 자동차와 집이 필요하고요……"라고 말했다. 이런 요구를 한꺼번에 다 말했다. 물론 사장이 그것을 모두 제공해주리라고 기대하지는 않았다. 그는 "현재로서는 당신에게 개인 사무실과 고액 연봉만을 제공해줄 수 있고, 자동차와 집은 좀 어렵습니다"라고 말했다. 나는 "그렇다면 상관없습니다. 우선 방은 빌리고 택시를 타고 다니죠. 하지만 제가 이런 게 필요하다는 점은 알아두세요"라고 했다.

요구를 할 때 횟수를 나누어서는 안 된다. 횟수를 나눈다는 것은 무슨 의미인가?

어떤 사람은 다음과 같이 말할 것이다. "한 번에 100만 원을 요구하면 사장이 놀라지 않을까요? 횟수를 나누어서 요구할 수도 있잖아요. 문제를 일으키지 않고 먼저 20만 원을 올리고, 부족하면 다시 20만 원을 요구하고, 또 부족하면 다시 20만 원을 올리고, 이렇게 한 번씩 요구하면 결국 100만 원을 받게 되는 것 아닌가요?" 이런 방법으로 요구할 경우 당신은 세 번에 걸쳐 20만 원씩 받은 후에 더 이상 받지 못할 것이다. 이것을 "순서에 따라 점진적으로 발전시켜 나가는 것"이라고 생각하겠지만, 사장의 눈에는 "하나를 얻고 나서 다시 두 개를 바라는 것"으로 비칠 수 있다.

사람들은 똑같은 일도 내가 하면 옳고, 다른 사람이 하면 잘못되었다고 생각하는 경향이 있다. 내가 하나씩 요구하는 것은 순서에 따라 점진적으로 발전하는 것이 되지만 다른 사람이 그렇게 하면 욕심이 끝이 없다고 생각한다. 내가 고집을 부리면 그럴 만한 이유가 있기 때문이고, 상대방이 고집을 부리면 남의 의견을 듣지 않는 고집불통이 된다.

내가 오늘 한꺼번에 요구하지 않고, 사장에게 "저는 고액연봉과 비서가 필요합니다"라고 말하면 사장은 "좋습니다"라고 말하고는 모두 들어줄 것이다. 한참 뒤에 다시 "사장님, 사실 제가 자동차가 필요한데요"라고 하면 사장은 망설이지 않고 또 들어줄 것이다. 그 다음에 또다시 "집 한 채가 더 필요합니다"라고 하면 이번에는 사장이 귀찮아하며 "자네가 회사를 위해 무슨 대단한 일을 했다고 이렇게 요구가 많은가? 안 되네!"라고 말할 것이다.

그러므로 하나씩 요구해서는 안 되며, 한 번에 당신의 요구를 말하고 요구치를 낮춤으로써 당신이 매우 이치에 맞는 사람이라는 것을 보여주어야 한다. 높은 것을 요구하고 낮은 것을 받는 것은 행동의 여지를 남겨두는 것이다.

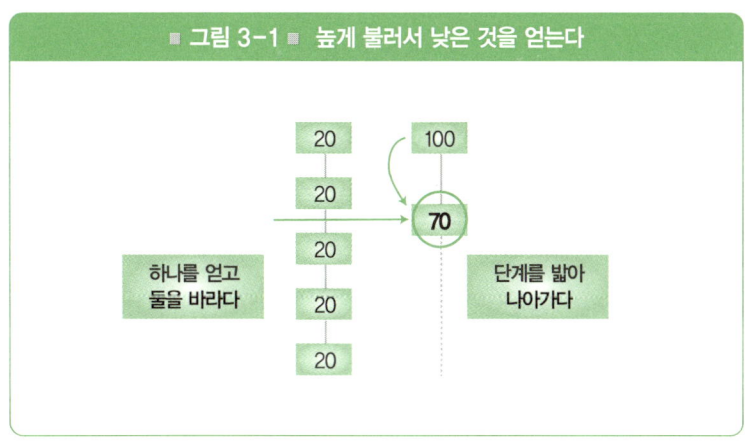

▪ 그림 3-1 ▪ 높게 불러서 낮은 것을 얻는다

상사의 이익과 당신의 이익 사이에서
균형을 잡아라

상사의 이익과 나의 이익 사이에서 균형을 잡는 것은 각 회사마다 상황이 다르기 때문에 매우 어려운 문제다. 어떻게 적절한 균형을 잡을 것인지에 대해서는 단지 하나의 이론만 있는 것이 아니며, 각 회사의 구체적 상황에 근거하여 각자 분석해야 한다.

사례

이전에 한 유명한 기업에서 겸직을 한 적이 있었다. 오후 5시를 기준으로 5시 전에는 학교에서, 5시 이후에는 회사의 일을 도왔다. 다시 말해, 5시 이전에는 교수로, 5시 이후에는 샐러리맨이 된 것이다.

한번은 회장이 나에게 전화해서 오후 3시 반에 열리는 회의에 참석하라고 했다. 그날 나는 학교 수업이 두 과목 있었는데, 하나는 1시 반에서 3시 반까지, 다른 하나는 3시 반에서 5시 반까지였다. 3시 반 회의에 참석하면 앞 시간 수업뿐 아니라, 뒤의 수업도 할 수가 없다. 한꺼번에 네 시간 수업을 보충하려면 학생들도 힘들겠지만 나도 매우 피곤할 것이다. 그리고 5시라는 선이 깨진다면, 회장은 5시 이전에도 언제든지 나를 부를 수 있다고 생각하게 될 것이다.

당시 83세였던 회장이 직접 전화를 걸어 회의에 참석하라고 했지만, 나는 단호하게 "회장님, 죄송합니다만, 제가 수업이 있습니다"라고 말했다.

그의 기분이 상한 듯했기에 바로 다음과 같이 설명했다. "이렇게 하면 어떻겠습니까? 제가 5시에 수업을 마치고, 곧바로 회장님 사무실로 가겠습니다. 회장님께서 직접 제가 해야 할 일을 알려주십시오."

그는 "필요 없네!"라고 대답했다.

나는 회장의 화를 풀어주려고 다시 말했다. "회장님, 제가 오늘은 수업이 있고, 내일 오후에는 수업이 없으니 내일 회의를 여신다면 참석할 수 있습니다."

회장은 "그건 더 필요 없네!"라고 말하고는 '딱' 하고 전화를 끊었다. 83세의 회장이 전화를 끊었으니, 누군들 불안해하지 않겠는가?

사실 대부분의 사장이 회의를 소집하는 가장 큰 이유는 고위 간부들에게 훈화를 하려는 것이다. 그는 우리가 아래에 앉아서 자신의 이야기를 듣는 것을 보면서 매우 흡족해한다.

나중에 회사에 가서 다른 고위 간부에게 "이 문제를 어떻게 해야 할지 모르겠습니다"라고 물었다. 나이 60여 세의 풍부한 경험을 가진 그가 말했다. "당신이 잘못했네요. 회장님 말에 당연히 승낙했어야죠." "하지만 전 그렇게 할 수가 없었습니다"라고 말하자, 그가 설명해주었다. "이렇게 생각했어야죠. 그가 비서를 시키지 않고 직접 당신에게 전화했는데, 감히 몇 사람이나 80여 세의 회장님께 No라고 하겠습니까? 당신 한 사람뿐이죠. 당신은 그의 체면을 세워주었어야죠. 일단 승낙한 다음 3시가 다 되어가면, 비서에게 전화해서 수업을 조정해보려고 노력했지만, 조정할 수가 없었다고 말하면 되죠."

그가 사용한 방법은 "Yes…… But……"이다. 일단 회의에 참석하겠다고 말해놓고 나중에 수업을 조정할 수 없어서 참석하지 못하겠다고 말하는 것이다. 내가 말했다. "저는 서양의 교육을 받았습니다. 서양 사람은 신뢰성을 매우 중시하는데, 많은 일들이 상대방이 예측할 수 있는 것들입니다. 정말 할 수 있으면 승낙하고 할 수 없으면 승낙하지 않습니다." 그는 "중국인 회사, 특히 비교적 전통적인 회사의 회장은 체면을 중시합니다. 당신은 그의 체면을 고려하지 않고 면전에서 찬물을 끼얹은 격이니, 회장이 아주 오랫동안 기억할 거예요"라고 말했다. 역시나 회장은 나를 아주 오래 기억했다. 걸핏하면 일부러 비꼬면서 "어떤가, 요즘도 그렇게 바쁜가?"라고 말했다.

후에 IBM에서 강의할 때 이 예를 들었다. "만일 이런 일이 당신들 회사에 일어난다면 어떻게 하겠습니까?"라고 물었더니, 그들은 "우리 회사는 당연히 신뢰성을 중시하는 편입니다"라고 대답했다.

한번은 어떤 회사에서 강의를 마치고 회장과 저녁식사를 함께했다. 그는 학계의 고문 몇 명을 불렀는데, 나는 음식이 나오기 전에 올 사람이 더 있지 않느냐고 물었다. 그러자 회장은 "아, 원래 ○○대학 교수가 와야 하지만, 기다릴 필요는 없어요. 그 사람은 매번 온다고 해놓고서는 결국 일이 생겨서 못 옵니다. 그래서 오늘은 아예 그의 자리를 빼버리라고 했어요"라고 대답했다. 만일 우리가 매번 온다고 약속하고서 오지 않는 이런 사람이 된다면 미덥지 못한 사람이 될 것이다.

당신의 이익과 사장의 이익 사이에 균형을 잡는 것은 쉽지 않은 일이며, 경우에 따라서 앞에 언급한 삼각형 구조가 매우 유용하게 사용될 수 있다. 만일 당신이 직장을 바꾸어 다른 회사로 간다면 먼저 그 회사를 잘 관찰해보라. 예를 들어 당신이 스카우트되어온 경우라면, 그만큼 많은 자원을 누릴 수 있겠지만, 근무한 지 오래된 직원들이 당신을 어떻게 생각하는지 생각해보았는가? '태도'의 각을 잊어서는 안 된다. 그 밖에 당신의 행동이 조금 잘못되었다면, 그들이 어떻게 당신을 대하겠는가? 당신은 어떻게 사람들과 좋은 관계를 유지할 수 있겠는가? 나는 학생들에게 자신에게 불만이 있는 사람이 있다면, 여러 번 그를 찾아가고 교만하게 행동해서는 안 된다고 말한다. 그를 찾아갔는데도 당신을 무시하면 몇 번이고 다시 그를 찾아가야 한다. 그래도 굴하지 않고 서너 번 찾아간다면 온 회사 사람들이 다 알 것이다. 그가 계속 당신에게 맞선다면 사람들은 그의 편을 들지 않을 것이다. 또한 당신이 변함없이 그를 정중하게 대한다면, 그 스스로 미안함을 느낄 것이다. 그러므로 많은 일들은 이 세 가지 각도에서 생각해야 한다.

상사에게 퇴로를 만들어주어
그가 당신에게 흔쾌히 져주도록 하라

상사에게 퇴로를 만들어주는 것은 아주 중요하다. 다시 말하면 상사의 체면을 살려줘야 하지만, 때로는 회사마다 문화 차이가 있다. 예를 들어 외국계 회사와 중국계 회사 간의 문화 차이, 일본계 회사와 미국계 회사 간의 문화 차이 등은 오해를 불러일으키기 쉽다.

일본계 회사는 직함에 인색해서 직급 단계가 매우 많고 승진하려면 시간이 오래 걸린다. 하지만 미국계 회사는 직함을 쉽게 주는 스타일로, 한 회사에 매니저가 여럿이다. 하늘에서 돌이 떨어지면 그 돌에 맞는 사람은 바로 매니저라는 농담이 있을 정도다. 하지만 그가 어느 계급의 관리자이든지 간에, 그와 이야기할 때 퇴로를 만들어주어 당신에게 져주도록 할 수는 없는가? 상사가 당신에게 져주도록 하려면, 그에게 핑계거리를 만들어주어서 스스로 물러나도록 해야 한다. 한 가지 예를 들어보자.

사례

A회사가 B회사를 인수한 후 C회사로부터 스카우트해온 사람에게 B회사의 사장을 맡겼다. A, B 두 회사 모두 타이완 회사이고, C회사는 미국계 회사이기 때문에 분명히 문화적 충돌이 예상된다.

두 회사가 합병된 후, B회사 대부분의 사람이 떠났고, 단지 CFO, 즉 재무 관리자 한 명만 남았다. 이 재무 관리자는 "내가 이전 회사에서는 나름대로 베테랑이었는데, 새로운 회사에서는 얼마나 먹힐지 모르겠군" 하고 생각할 것이다.

어느 날 B회사의 신임 사장이 협상할 일이 있어 재무 관리자를 대동하고 나갔다. 그는 협상이 만족스럽게 진행되었다고 생각했다. 하지만 2주 후에 B회사 내에서 열린 회의에서 재무 관리자는 이렇게 말했다. "사장님께 솔직히 말씀드리겠습니다. 2주 전 협상은 잘된 것이 아닙니다. 어떤 것은 사실 더 잘 협상할 수도 있었습니다."

사장은 그 말을 듣고서는 화가 나서 말했다. "왜 그 자리에서는 말하지 않았나요?"

그래서 그 사장은 나를 찾아왔다. 나는 상황을 파악한 후에 물었다. "왜 이런 문제가 생겨났는지 아십니까?"

첫째, 문화의 차이 때문이다. 중국인과 미국인의 일처리 방식이 다르다는 것을 알아야 한다. 중국인은 상사의 체면을 지켜주는 것을 중요하게 생각한다. 당신이 협상 전에 회사 내에서 회의를 열어 어떤 문제를 논의하지 않고, 재무관리자를 데리고 회사 밖에서 협상했다면 그는 결코 그 자리에서 "사장님, 이 협상은 잘못되었습니다"라고 말하지 않을 것이다. 그 사장은 미국 회사에 익숙해져서 받아들일 수 있다고 생각하지만, 중국인은 받아들이기 힘들다. 일반적으로 중국인들은 밖에 나가 다른 사람들 앞에서 자기 사람을 욕하는 경우는 거의 없기 때문에 어느 정도 이해할 수 있다.

둘째, 권력의 문제다. 그는 이전 회사에서 오랫동안 일했던 사람으로, 새로운 환경 내에서 자신의 말이 얼마나 힘이 있는지 잘 모르기 때문에 아직 혼자서 짐작만 하고 있을 뿐이다.

셋째, 기술 면이다. 내가 당신에게 가르칠 수 있는 것은 기술 면이다. 하지만 그 속의 문화나 권력 문제는 당신 회사의 내부에서 서로 맞추어나가야 한다. 나는 자주 "당신이 다른 회사와 맞추어 나갈 필요가 있다고 생각한다면(막 인수 합병을 한 후에는 이 점이 특히 중요하다), 함께 강연을 들으면 아주 도움이 된다"고 말한다. 수업을 통해 학우관계가 만들어지고, 학우관계를 통해 서로 맞추어나가게 된다. 많은 회사들은 이렇게 하고 있다.

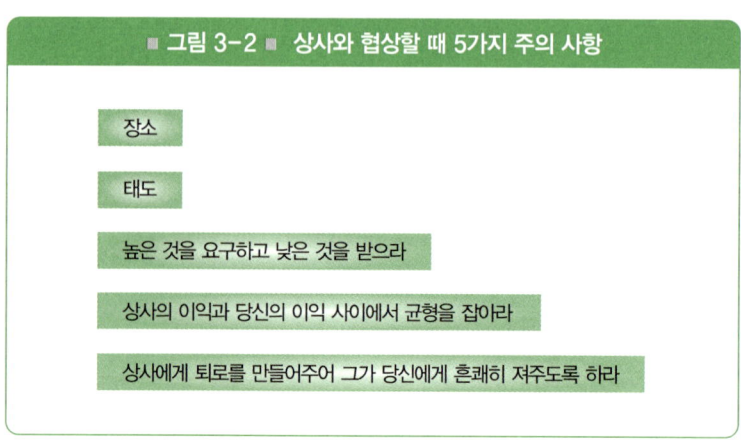

■ 그림 3-2 ■ 상사와 협상할 때 5가지 주의 사항

- 장소
- 태도
- 높은 것을 요구하고 낮은 것을 받으라
- 상사의 이익과 당신의 이익 사이에서 균형을 잡아라
- 상사에게 퇴로를 만들어주어 그가 당신에게 흔쾌히 져주도록 하라

한번은 한 회사에서 강연을 하는데, 연단 아래를 보니 수강생들이 양쪽으로 나누어 앉아 있었다. 마치 두 회사의 사람들이 앉아

서 강의를 듣고 있는 듯했다. "왜 이렇게 앉아 있죠?"라고 물었더니, 그들은 "아, 이쪽은 합병한 회사 사람들이고, 저쪽은 합병당한 회사 사람들입니다"라고 대답했다. 마치 휴전선에서 이쪽은 북한 사람, 저쪽은 남한 사람이라고 하는 것과 같았다. 이 두 집단이 융화되기 위해선 서로 맞추어나가고, 훈련이 필요하며, 새롭게 문화를 만들어야 한다.

그 밖에 당신이 관리자라면 갖가지 사소한 일에도 주의해야 한다. 간단한 예를 들어보자.

사례

고등학교 2학년 때 분반을 하면서 나는 다른 반으로 가게 되었다. 그 반 교실로 가보니 칠판 앞에 축구경기 우승컵이 놓여 있었다. 고등학교 1학년 때 그 반이 우리 반을 물리치고 차지한 우승컵이었다. 그래서 나는 선생님에게 말했다. "선생님, 우리는 새로운 반이니까 우승컵은 치워야 하지 않을까요? 저것을 볼 때마다 치욕스러워서 앉아 있을 수가 없습니다."

선생님은 "이 녀석아, 넌 무슨 생각이 그리도 많니?"라고 하시고는 우승컵을 가져갔다. 그러자 이 반에 남은 학생들은 좋아하지 않았다. "네가 뭔데 우승컵을 가져가라고 하니? 그건 우리가 이겨서 받은 거야."

나는 설명했다. "그건 이전의 일이고, 지금은 한 반이니까 새로운 공동체 의식을 만들어야지. 그 우승컵을 볼 때마다 너희들

에게 졌던 기억을 떠올리게 되는데, 그렇게 하면 우리가 어떻게
같이 어울릴 수 있겠니?"

사람은 매우 민감하지만, 모두가 나처럼 말로 표현하는 것은 아
니다. 그러므로 사소한 일이라도 깊이 생각해보아야 한다.

3 상사가 불쾌하지 않게 거절하기

사장에게 잔업을 승낙할 것인가
남자친구와의 약속을 지킬 것인가?

소통이 잘되고 나면, 다음과 같은 상황
이 발생할 수도 있다.

사례

당신이 어느 회사의 여비서라고 가정하자. 오늘 오후 5시 반
에 퇴근한 후 남자친구와 만나 함께 저녁을 먹고 영화 보기로 약

속을 한 상태다. 그런데 하필 4시 50분에 상사가 서류 한 뭉치를 들고 와서 고객이 내일 아침 9시에 방문하니 자료를 준비해야 한다고 말한다. 자료를 모두 준비하자면 오늘 저녁 약속을 취소해야 한다. 당신의 상사가 툭하면 퇴근할 때쯤 문서를 던져주며 당신을 눈코 뜰 새 없이 바쁘게 만드는 스타일이라면, 어떻게 하겠는가?

여기에는 중국인의 답뿐만 아니라 서양인의 답도 있다.

전통적인 중국 여성은 늘 자신의 권익을 희생하면서 회사에 남아 잔업을 한다. 그들은 "어쩔 수 없잖아. 그럼 누가 나를 고용해주겠어?"라고 스스로 변명하며 승낙을 한다. 5시 반이 지나서 남자친구에게 "미안해. 오늘 저녁 약속은 못 지키겠어"라고 말하면 남자친구는 매번 그러는 그녀를 원망한다.

현대 여성은 자주 사장의 권익을 희생시키며 당당하게 말한다. "사장님이 말씀하신 이 일은 아주 중요하지만 전 이미 약속이 있어요. 노동법에 따르면 제가 꼭 잔업을 해야 하는 것은 아닌 것 같은데요. 오늘 저녁 약속이 없는 사람한테 잔업을 부탁하는 것이 어떨까요?" 당신이 이렇게 말하면 이번은 이긴 셈이지만, 나중에 사장은 기회를 틈타 당신을 해고하려 할 것이다. 사장은 속으로 "웃기고 있네. 오랜 기간 동안 병사를 양성하는 건 유사시에 한번 쓰기 위해서인데, 꼭 필요할 때는 없잖아"라고 생각할 것이다. 물론 우리 동료들은 "꼭 필요할 때 쓴다고? 매번 부려먹고 있잖아"

라고 생각한다.

하나는 자신의 권익을 희생하는 것이고, 다른 하나는 사장의 권익을 희생하는 것으로, 둘 다 만족스럽지 않으니 어떻게 해야 할까? 미국인이 하나의 절충안을 내놓았다. 미국인은 다른 사람이 배가 고프면 나도 배가 고프듯이 우선 사장의 감정에 완전히 공감해야 한다고 생각한다. 예를 들면 여비서는 이렇게 대답할 수 있다. "네, 사장님. 이 일은 매우 중요하므로 반드시 해야겠지만, 근데 애석하게도 오늘 저녁 이미 약속이 있습니다. 하지만 그분이 내일 아침 9시에 오신다니 제가 내일 아침 일찍 와서 해놓겠습니다. 9시에 사장님이 출근하시기 전에 자료를 깔끔하게 정리해서 가져다드리도록 하겠습니다. 그렇게 해도 될까요?"

타이완 기업의 사장들한테 이러한 해답에 대해 어떻게 생각하는지 물었더니 단 한 사람도 받아들일 수 없다고 대답했다. 그들은 "내일 아침에 늦잠을 자버리면 어떡하죠? 내가 비서의 자명종이라도 되어주어야 하는 겁니까?"라고 염려했다. 그럼 어떻게 할까?

어떤 사람은 "이렇게 하면 안 될까요? 여비서가 아래층에서 기다리는 남자친구를 불러와서 다른 동료들과 함께 이 일을 빨리 끝내버리면 되잖아요"라고 말한다. 그렇게 하기는 어렵다. 첫째, 요즘의 일은 대부분 너무 세분화되어 있어서 동료들이 돕고 싶어도 도울 수가 없다. 둘째, 평소 당신이 다른 사람들과 얼마나 돈독한 인맥을 유지했느냐에 따라 다르다. 사람들이 무엇 때문에 당신을 돕겠는가? 그래서 이러한 방법은 성공할 것 같지 않다.

어떤 사람은 "약속을 나누어서 하면 안 될까요? 먼저 가서 밥을 먹고 밥을 먹은 후에 돌아와 잔업을 하면 되죠. 밥도 먹고 남자친구도 만난 다음 회사로 돌아와 잔업하면 남자친구가 데려다줄 수도 있고요"라고 말한다. 그 방법도 좋기는 하지만, 사장이 신경질적으로 나올 수 있다. "좋아. 먼저 밥 먹는 건 상관없네. 나는 자네 자리에서 기다리고 있겠네. 그럼 갔다 오게"라고 나온다면 당신은 어떻게 하겠는가? 당신은 원래 멋진 저녁식사를 하려 했지만 간단한 국수 한 그릇이나 먹고 돌아와야 할 것이다.

어떤 사람은 "여비서가 먼저 잔업을 하고, 일이 끝난 후에 남자친구와 함께 심야 영화를 보면 안 될까요?"라고 말한다.

또 어떤 사람은 이렇게 말한다. "사장이 내려가 여비서 남자친구에게 '미안합니다만 오늘 당신의 여자친구가 일 때문에 잔업을 해야 합니다. 제가 내일 영화 티켓을 예약해드리면 안 되겠습니까?' 라고 말하면 어떨까요?" 내 생각에 이런 사장은 거의 없을 것이다.

어쨌든 아직까지는 자신의 권리를 희생하는 방법을 택하는 사람들이 가장 많다. "어쩔 수 없지. 남의 돈 벌기가 어디 쉽냐?"라고 생각하는 것이다. 결국 당신은 회사의 상황에 따라 어떻게 처리할지를 결정해야 한다. 예를 들면 사장이 나이가 많은 사람인지, 젊은 사람인지, 철이 없는 사장인지, 사소한 문제까지 다 혼자서 처리하는 스타일인지를 살펴보아야 한다.

사장의 잔업 요구 습관을
어떻게 바꿀 것인가?

　　　　　　　물론 더 중요한 문제는 사장이 매번 퇴근할 때쯤에 일을 무더기로 맡기는 습관을 어떻게 바꿀 것인가다.

어떤 사장은 종종 이렇게 설명한다. "자네는 내가 미리 업무를 분배해주길 바라지만 회의가 끝나야 결정되는 것이라 나도 어쩔 도리가 없네." 나는 사장들이 선호하는 비서는 너무 충직해서 대부분 사장이 죽거나 퇴직할 때까지 일하느라 혼기조차 놓치는 것을 많이 보았다. 왜냐하면 비서는 개인적인 약속조차 할 수 없고, 사장이 부르면 어디서든 달려가야 하기 때문이다. 그래서 당신은 사장에게 이렇게 말할 수 있다. "그럼 회의에 들어가기 전에 제가 해야 할 일을 알려주십시오. 미리 준비하면 일을 더 잘할 수 있을 것 같습니다."

어떤 사람은 이렇게 말한다. "다른 방법이 있습니다. 회사에서 장려하지는 않지만, 그래도 최소한 반대하기 어려운 것이 공부잖아요. 강의가 있다고 하면 되지 않겠습니까? '사장님, 저도 잔업을 하고 싶지만, 오늘 저녁에 강의가 있습니다. EMBA(경영학 석사과정)를 공부하고 있습니다'라고 말입니다." 하지만 이것 역시 다소 위험한 방법인 것 같다.

사례

《월스트리트저널》에 유명한 이야기가 실린 적이 있었다. 어떤 사람이 EMBA 공부를 아주 열심히 했다고 한다. 공부를 마친 그는 회사에서 비교적 좋은 자리와 높은 연봉을 주기를 기대했다. 그래서 사장에게 말했다. "사장님, 제가 지금 EMBA 과정을 수료했습니다. 그에 맞춰서 연봉을 좀 올려주셔야지 제 자리하고도 맞지 않겠습니까?"

사장은 말했다. "좋습니다. 그럼 당신은 회사에 어떻게 기여하겠습니까?"

그가 말했다. "제가 보기에 우리 회사의 몇 개 부서는 여전히 개선의 여지가 있다고 봅니다."

사장이 말했다. "그럼 보고서를 써서 제출하세요."

그래서 그는 A부서는 어떻게 개선해야 하고, B부서는 어떻게 개선해야 할 것인지를 보고서로 작성했다. 보고서를 완성한 후 이메일로 사장에게 보냈다. 내가 보기에 이것은 비극의 시작이었다. 사장은 그의 이메일을 해당 부서에 보냈고, 사람들은 그 이메일을 보고서 펄쩍 뛰었다. "이런! 네 녀석이 우리 뒤통수를 쳐?" 그래서 모두가 합심하여 그를 혼내주고 싶어했고, 자신들을 어떻게 변호할지도 생각해두었다.

이어서 사장이 회의를 열었다. EMBA 과정을 공부하는 그 사람은 회의석상에서 자신의 의견을 발표할 생각에 마음이 부풀어 있었지만, 막상 회의실 분위기는 냉랭하기 그지없었다. 각 부서의 매니저들이 모두 그를 비난할 뿐만 아니라 아무도 그의 편을 들어주지 않았다. 더구나 그가 EMBA 과정을 공부하는 2년 동안 회사가 개최한 모든 활동, 예를 들면 야유회, 구기경기, 생일파티 등에 한 번도 참석하지 않았기 때문에 아무도 그를 지지해주지 않았다. 결국 그는 사직할 수밖에 없었다.

중요한 일이 아니면 함부로 이메일을 보내서는 안 된다. 그것은 매우 위험한 행동이다. 미국 펜실베이니아 대학에서 실시한 실험에 따르면, 직접 만나서 협상할 경우 합의에 도달할 가능성이 높지만 이메일로 협상하면 합의 가능성이 떨어진다는 결과가 나왔다. 그 이유는 이메일로 할 경우 말에 수식을 사용할 수 없기 때문이다. 상대를 직접 대면하고 말할 때는 원래 속에 있는 이야기를 모두 하려고 마음먹었다가도 상대방의 얼굴을 보는 순간 비교적 완곡하게 표현하게 되어, 상대방과 나 사이에 전환할 수 있는 공간이 생기게 된다. 하지만 이메일을 보낼 때에는 상대방의 얼굴 볼 수 없기 때문에 감정을 그대로 드러내게 되고, 문제에 대해 함께 의논할 방법이 없으므로 충돌이 생길 가능성이 훨씬 높다.

사례

어떤 미국인과 영국인이 10년 동안 비즈니스 거래를 했다. 한번은 미국인이 영국인에게 한 통의 이메일을 보냈는데, 그 메일 때문에 10년 지기 사업 파트너 관계가 끊어졌다. 당황한 미국인은 런던까지 날아가 영국인에게 사과했다. 이 미국인은 뉴욕 타임스와의 인터뷰에서 "저도 왜 그런 말을 했는지 모르겠습니다. 얼굴을 보고 말했다면 절대 그렇게 말하지 않았을 것입니다. 그러나 제가 이메일을 보낼 때에는 전혀 생각도 못했고, 전송을 클릭하자마자 우리의 관계가 무너졌습니다"라고 말했다.

일단 클릭한 이메일은 중간에 돌아오도록 할 수 없다. 어릴 때 밤새 쓴 연애편지를 아침에 우체통에 넣자마자 "아, 한 구절을 잘못 적었네"라고 후회하는 차원과는 다르다. 그럴 경우에도 우체통 옆에 서서 집배원이 편지를 수거하러 올 때까지 기다리면 문제를 해결할 수 있다. 하지만 이메일은 일단 전송이라는 글자를 클릭하고 나면 취소할 수 없기 때문에, 이메일을 보낼 때는 거듭 유의해서 보내야 한다. 특히 영문으로 이메일을 쓴다면 더욱 주의해야 한다. 보내는 사람이나 받는 사람이 모두 영어를 모국어로 쓰는 사람이 아닐 경우 부족한 영어 실력을 가지고 상대방의 뜻을 추측해야 하므로 각종 오해가 생길 수 있다. 이 문제에 관해서 정확한 답을 제시할 수 없지만, 자신의 상황에 따라서 결정해야 한다. 결국 협상을 할 때에는 안팎으로 모두 주의해야 한다.

4 부하직원이 상처받지 않게 거절하기

당신이 상사라면 부하직원의 말을 어떻게 거절할 것인가? 단도직입적으로 거절을 할 수도 있지만, 그 외에 다른 방법은 없는 것일까?

반문법을 사용해 거절하라

예를 들어 상대방에게 "당신 생각은 어떻습니까?"라고 말할 수 있다. 그러나 이러한 거절은 비교적 부드러운 거절로, 상대방이 말이 안 통하는 사람일 경우 아무 쓸모가 없다. 한 가지 예를 들어보자.

사례

학교에서 강의를 할 때 나처럼 별로 나이를 먹지 않은 교수들은 대부분 서서 강의를 한다. 그 이유는 앉아서 강의를 하면 불편하고, 서서 이야기를 하면 비교적 편하기 때문이다. 하지만 대부분의 강의실에는 의자가 하나씩 비치되어 있고, 나는 보통 그 의자를 내 곁에 끌어다가 외투나 가방을 올려두는 용도로 사용한다. 이제는 굳이 사용하지 않더라도 곁에 의자를 두는 것이 습관처럼 되었다.

한번은 수업을 하고 있는데 한 학생이 밖에서 "실례합니다!"라고 소리쳤다.

나는 "들어오게. 무슨 일인가?"라고 말했다.

그 학생은 "의자를 안 쓰시면 빌려주십시오. 저는 옆 반 학생인데, 발표 수업을 하면서 의자 두 개가 필요합니다"라고 말했다. 나는 좀 이상한 생각이 들었다. 같은 층에 있는 강의실 중에서 두 강의실만 사용하고, 나머지는 모두 비어 있는데 왜 하필 우리 강의실에 와서 의자를 가져가려는 걸까?

그래서 나는 학생에게 "자네는 내가 이 의자를 꼭 빌려줘야 한다고 생각하나?"라고 물었다.

그는 뜻밖에도 "제가 모르니까 선생님께 물어보는 거예요"라고 대답했다.

나는 그 말을 듣고서는 이겼다고 생각하고 "그럼 안 빌려주겠네"라고 했다.

아마도 그 학생은 "앉지도 않는데 왜 안 빌려주는 겁니까?"라고 생각할 것이다.

어떤 경우에 상대방에게 "이게 좀 지나치다고 생각하지 않습니까?"라고 말하는데, 사실 이것은 No라고 말하는 것이다. 그러나 그런 말을 할 때에는 상대방이 알아듣는지를 살펴보아야 하고, 그가 알아듣지 못한다면 쓸데없는 소리를 한 셈이 될 뿐이다.

자신의 감정을 말해서 거절하라

이 방법은 내가 사용한 적이 있는데 효과가 있었다. 감정을 말한다는 것은 무슨 의미인가? 예를 들어 당신이 다른 사람과 협상할 때, 그 사람도 지독하고 당신도 마찬가지라면 충돌하거나 아니면 각자의 길을 가게 된다. 거기에서 빠져나올 수는 없을까? 한 가지 예를 들어보겠다.

사례

몇 년 전에 나는 연구실로 사용하던 집을 팔려고 내놓았다. 그

당시 시가가 타이완 돈 800만 원으로, 인민폐로 환산하면 200만 원 정도였다. 원래 부동산 중개회사와 이야기가 잘되어서 일요일에 계약을 하고 800만 원에 팔기로 했지만, 토요일에 갑자기 전화가 와서 "집을 사겠다는 새로운 사람이 나타났습니다. 일요일에 계약하기로 한 것을 월요일로 미루는 게 어떻겠습니까? 새로운 계약자가 얼마를 낼 수 있는지 한번 보시죠"라고 했다.

나는 "좋습니다"라고 말했다. 다시 말해 새로운 계약자가 800만 원 이상을 지불할 용의가 있다면 그에게 팔 수도 있었다.

내가 팔려고 내놓은 집은 26층 중에 19층으로, 타이베이 시 외곽의 강이 보이는 전망 좋은 집으로, 석양이 질 때 특히 아름다웠다. 평소에는 그곳에 거주하지 않았지만, 그날 새로운 계약자를 만나기 위해 미리 가서 기다렸다. 새로운 계약자는 같은 동 11층에 사는 사람이었다. 그는 그 집을 780만 원에 구입했으니 나한테도 그 가격에 팔라고 말했다.

내가 말했다. "780만 원은 안 됩니다. 내일 800만 원에 계약하기로 했거든요. 11층은 780만 원에 살 수도 있겠지만, 아시다시피 19층이잖습니까? 11층에서는 지붕만 보이겠지만, 19층에서는 강도 보이고 전망도 훨씬 좋죠. 고층일수록 당연히 집값이 비싼데, 어떻게 같은 가격으로 팔 수 있겠습니까?"

결국 그는 "중개업자가 있으니 말하기 불편하죠? 저희는 먼저 점심을 먹고 오후에 다시 오겠습니다"라고 말하고 갔다.

오후 3시에 다시 벨이 울렸고, 문을 열자마자 그는 "저에게 파세요"라고 말했다.

나는 "얼마에 말입니까?"라고 물었다.

그는 "780만 원"이라고 했다.

나는 "800만 원"이라고 했다.

그는 "제 친구가 은행에서 일하는데, 이 지역의 땅 값이 점점 내려간다고 하던데요. 대출부서에서도 780만 원이면 괜찮은 가격이라고 하니, 지금 결정하세요. 더 늦으면 780만 원도 못 받습니다"라고 말했다.

나는 "내일 800만 원에 계약할 건데 어떻게 780만 원에 팔겠어요?"라고 했다.

이렇게 우리는 현관에서 족히 20분 동안 줄다리기를 했다. 그는 물러설 줄을 몰랐다. 나는 어쩔 수 없이 새로운 방법을 써서 벗어나야 했다. 나는 그에게 "전 아주 괴롭습니다"라고 말했다.

그는 "왜 갑자기 딴 소리를 하십니까? 뭐가 괴롭단 말인가요?"라고 물었다.

내가 말했다. "제가 밖에서는 사람들에게 협상을 가르치는 사람인데 정작 당신을 설득시킬 방법이 없으니, 괴로울 수밖에요."

그러자 그는 더 이상 이야기를 하지 못했다.

나는 그에게 "그만 돌아가시는 것이 좋겠습니다. 780만 원보다 더 지불하실 용의가 있으면 다시 전화하세요"라고 말하고는 문을 닫았다.

저녁에 그가 다시 전화해서 "780만 원에 해주세요"라고 말할 것이라고는 생각하지도 못했다.

나는 "아침부터 저녁까지 한 가격만 부르고 있으니 정말 답답하군요. 생각해보세요. 원래 800만 원 하는 집을 어떻게 780만 원에 팔겠어요?"라고 말했다.

　　다음 날 나는 800만 원에 처음 집을 사려던 사람과 계약을 했다.

　　나중에 나는 그 사람의 문제가 어디에 있는지 생각해보았다. 그는 왜 내가 전해주는 정보를 받아들이지 못했던 것일까? 만약 내가 그를 속일 셈이라면 어떤 사람이 800만 원을 제시했다고 말하지, 내일 800만 원에 계약할 것이라고 말하지는 않을 것이다. 금방 탄로 날 거짓말을 누가 하겠는가? 그런데도 그는 왜 해결할 수 없는 문제에서 나오려 하지 않는 것일까?

　　2주일 후에 해답을 얻었다. 내 아내가 미용실에 갔다가 우연히 알게 된 것이다. 두 번째 집을 보러 온 사람의 아내가 11층을 780만 원에 구입했는데, 남편이 "780만 원에 겨우 11층을 사다니, 나라면 15층 이상은 살 수 있어"라고 화를 냈다고 한다. 그러던 차에 19층에 매물이 나왔다는 소식을 듣고 아내가 남편에게 말했다. "당신 입으로 780만 원에 15층 이상을 살 수 있다고 했으니, 지금 그 집을 한번 사보시지." 그래서 그는 자신이 옳다는 것을 증명하기 위해 계속 그 금액을 고집했던 것이다.

　　협상할 때에 당신과 상대방이 평행선을 가고 있는데 도저히 상대를 설득시킬 방법이 없다면 내가 쓴 방법을 사용해서 빠져나와야 한다.

모르는 체하라

사람은 가끔 못 들은 척할 수 있다. 협상에서 모든 일을 들어야 하는 것은 아니다. 협상의 방법 중에서 "갑자기 말머리를 돌려 추격자를 찌르는 창법(槍法)"이 있다. 이 방법에 대처하려면, 귀머거리나 벙어리인 체하는 방법을 쓸 수 있다. '갑자기 말머리를 돌려 추격자를 찌르는 창법'이란 무슨 의미인가? 상대방과 합의를 하고 나서 그가 갑작스럽게 당신을 공격하는 것이다.

사례

당신이 중고차를 구입하기 위해 가격 협상을 모두 끝내고 돈까지 지불했는데 상대방에게 기름을 한 통 더 요구하는 것이다. 그래서 "자동차는 좋은데 기름이 없으면 어떻게 차를 몰고 집으로 돌아갑니까?"라고 말한다. 이것이 바로 '갑자기 말머리를 돌려 추격자를 찌르는 창법'이다.

하지만 요구할 때 꼭 얻을 것이라고 기대하지는 않는다. 그래서 이러한 방법에 대응하려면 "허허허. 농담도 잘하시네. 허허허. 조심해서 가십시오" 하고 웃어넘기면 된다.

그렇지 않으면 못 들은 체한다. "허허. 내 귀가 이상한가? 전 못 들었습니다." 세상에 많은 일들을 굳이 모두 들어야 할 필요는 없지 않은가?

협상할 때 특히 준비가 덜 되었을 때에는 모르는 체하는 것도 하나의 방법이다.

어떤 이유도 제공하지 마라

어떤 이유도 제공하지 말라는 것은 당신이 설명할 필요가 없다는 뜻으로, 상사들이 흔히 사용하는 방법이다. 당신이 어떤 이유도 말하지 않으면, 다른 사람들로부터 논박당할 리가 없다. 왜냐하면 상대에게 반박할 틈을 줄 어떤 이유도 말하지 않았기 때문이다.

사례

미국에서 박사 과정을 공부할 때 조교로 외교 정책을 가르친 적이 있었다. 당시 내가 가르치던 학부는 학생이 모두 300명으로, 15개 반으로 분반하여 각 반에 20명이 있었다. 그 중 내가 두 반을 가르쳤다. 학기 초에 미국인 동급생에게 어떻게 강의를 하느냐고 묻자, 그는 이렇게 대답했다. "나는 매우 진보적이라서 중간고사 시험지를 채점하고, 점수를 알려준 후에 '더 좋은 점수를 받을 수 있다고 생각하는 사람은 나를 찾아와서 이야기하라'고 말해."

나는 "너희 미국인들이 그렇게 한다면, 나도 한번 그렇게 해봐야지"라고 생각했다.

그래서 다음 수업 시간에 말했다. "내가 준 점수보다 더 높은 점수를 받을 수 있다고 생각하는 학생은 나를 찾아와도 좋습니다." 그러자 내 방 입구는 수업을 듣는 학생들로 북새통을 이루었다. 내가 두 반을 가르쳤으니, 한 반에 20명씩 40명의 학생을 상대해야 했다. 한 사람씩 면담을 통해 왜 그런 점수를 주었는가를 일일이 설명해주었다. 그렇게 40명의 학생과 면담이 끝나자 나는 완전히 기진맥진하였다.

미국인 지도교수에게 달려가 이 일을 이야기했더니, 그는 이렇게 말했다. "처음부터 그렇게 해서는 안 되네. 나를 찾아와 이야기해도 좋다고 했으니, 모두가 찾아온 것이네."

그러므로 한 장의 카드를 꺼내기로 결정한 것에 대해 부하직원이 그 이유를 물으면, 당신은 아무런 이유가 없다고 말하면 된다. 그저 "미안합니다. 위원회를 통과하지 못해서 당신을 돕고 싶지만 도울 방법이 없군요"라고 말하라.

반드시 이유를 밝혀야 할 상황이라면 한 가지 이유만을 말해야 한다. 계속 이유를 갖다 붙이려 해서는 안 된다. 이유가 많아질수록 고쳐야 할 횟수도 점점 늘어나는데 곧 당신의 마음이 약해져서 스스로 한 말에 대해 확신이 없어졌으며, 결국에는 자신조차도 믿을 수 없다는 것을 보여준다.

능력이 없다고 말하라

협상할 때 '하흑상백(下黑上白: 중국 전통 극에서 '흑검(黑臉)'은 강직한 이미지를 나타내는 대표적인 분장이고, '백검(白臉)'은 얼굴에 하얀 분을 바르고 나오는 악역을 대표하는 분장이다—옮긴이)'이라는 말을 자주 사용하는데, 아랫사람은 원칙을 지켜 사사로운 감정에 얽매이지 않게 행동하고, 윗사람은 밉살스럽게 행동하는 것을 말한다.

예를 들어 내가 책임자로, 상대방이 찾아오면 이론적으로는 부드러운 얼굴로 그가 원하는 대로 해주어야 하지만 일단 그렇게 해주면, 내 밑에 있는 부하직원은 일하기가 매우 힘들어진다. 그렇다면 어떻게 해야 하는가?

나는 다음과 같이 말한다. "괜찮습니다. 아래에서 결재해서 올라오기만 한다면 제가 반드시 도와드리죠." 이 말에 담긴 뜻은 아래에서 결재해서 올리지 않는다면, 나도 도울 방법이 없다는 것이다. 이것이 바로 아랫사람에게 미루는 것이다. 많은 경우에 상사는 자신에게 그럴 만한 능력이 없다는 것으로 다른 사람의 부탁을 거절한다.

그 밖에 협상할 때 상대방이 상사이든 부하직원이든 아니면 같은 직급이든지 상관없이 이러한 방법을 사용할 수 있다.

■ 그림 3-3 ■ 상사에게 거절하는 5가지 방법

1. 반문법을 사용해 거절하라

2. 자신의 감정을 말해서 거절하라

3. 모르는 체하라

4. 어떤 이유도 제공하지 마라

5. 능력이 없다고 말하라

사례

회사에서 과장급 회의가 열렸다고 하자. 장 과장이 이 과장에게 듣기 싫은 소리를 한마디 했다. 회의가 끝난 후에 한 직원이 당신에게 와서 "왕 과장님, 듣자니 방금 장 과장님이 회의에서 우리 이 과장님을 욕했다는데, 그런 일이 있었습니까?"라고 묻는다면 당신은 어떻게 대답할 것인가?

당신은 "그런 일은 없었습니다"라고 대답한다.

그렇다면 그는 직접 장 과장에게 가서 물을 것이다. "장 과장님이 그런 욕을 했다는 게 사실입니까?"

장 과장은 "했습니다"라고 대답한다.

그럼 그는 당신에게 불만을 토로하며 "왕 과장님, 장 과장님이 이미 인정했는데도 여전히 그런 일 없다고 하시면, 장 과장님과 한편이 아닙니까?"라고 말한다.

그러면 당신은 그런 일이 있었다는 것을 인정한다.

그러면 그는 다시 장 과장에게 가서 말할 것이다. "당신이 우리 이 과장님을 욕했다고 왕 과장님이 말했어요."

그는 원래 당신에게서 증거를 찾고자 한 것인데, 결과적으로 당신이 소식의 근원지가 되고 만다.

그렇다면 이런 상황에서 가장 효과적인 방법은 무엇인가? 바로 "잊어버렸다"고 대답하는 것이다. 당신은 "그가 무슨 말을 했는지 잊어버렸어요"라고 대답할 수 있다.

당신이 모든 일을 다 기억해야 하는 것은 아니므로 때로는 '잊었다'라고 말하는 것이 아주 유용하다. 한 가지 예를 들어보자.

사례

1986년 미국에서 이란-콘트라 사건이 발생했다. 미국 국가안전보장회의의 보좌관인 노스 중령은 사건의 책임을 상부에 떠넘겼다. 그는 "레이건 대통령이 문서를 보았으며, 내가 멋대로 한 것은 아니다"라고 말했다.

우리는 일반적으로 "충성심이 없는 부하구먼. 사건이 터지니까 책임지지 않으려고 상관을 물고 넘어지다니?"라고 생각할 수 있다.

그래서 한 의원이 레이건 대통령을 찾아가 말했다. "노스 중령은 당신이 사전에 문서를 보셨다고 하는데, 그런 일이 있었습니까?"

대통령은 "내가 나이가 많아서 기억이 나지 않습니다"라고 말했다.

아랫사람들은 여전히 인정하지 않았다. 후에 레이건의 참모가 대통령을 돕기 위해 기자회견 자리를 마련했는데, 기자가 레이건 대통령에게 물었다. "당신은 그 문서를 본 적이 있습니까?"

레이건 대통령은 여전히 "기억이 나지 않습니다"라고 대답했다.

그러자 사람들은 웅성거리기 시작했고, 레이건 대통령은 이렇게 설명했다. "신사숙녀 여러분, 내가 잊었다고 말한 것에 대해 모두 인정하지 않는군요. 그럼 하나 묻겠습니다. 여러분은 작년 11월 3일에 무슨 일을 했는지 기억하십니까?" 그 말에 아무도 대답을 하지 못했다.

레이건 대통령은 "보십시오. 사람은 잊어버릴 수 있습니다"라고 말했다.

이것이 바로 작은 힘으로 큰 힘을 이기는 방법이다.

사실 이 방법은 하나의 언어유희다. 내가 당신에게 "작년 11월 3일에 살인을 했습니까?"라고 묻는다면, 당신은 조금도 주저하지 않고 "아닙니다"라고 말하지, "아이쿠! 잊어버렸어요"라고 말하지는 않을 것이다.

그 외에도 잊어버렸다고 하면 어떤 장점이 있을까? 나중에 생각이 났을 때 전환할 수 있는 공간이 생긴다. 만일 잊었다고 말했다면, 나중에 다시 "보세요. 제가 당신을 속인 것이 아니라 단지 잊어버렸을 뿐입니다. 하지만 지금 갑자기 생각이 났어요"라고 말할 수 있다. 잊어버렸다는 말은 나중에 번복할 수 있는 여지를 준다. 아니라고 부정했을 경우 상대방은 "당신은 분명히 아니라고 말했습니다. 그런데 지금 와서 말을 바꾸는군요. 책임자들이 모두 이런 식이라면, 우리처럼 밑에서 일하는 사람들이 어떻게 당신을 신뢰하겠습니까?"라고 문제를 제기할 것이다. 그러므로 때로는 기억이 안 난다고 말하는 것이 난관을 헤쳐나가는 데 도움이 될 수도 있다.

부서 간
협상의 전술 선택

COMMUNICATION

1 이전 상사와 같은 직위가 됐을 때 생기는 충돌 해결법

직장 협상의 예를 들어보자.

사례

A와 B는 모두 타이완의 통신회사 부사장으로, A는 재정부서의 책임자이고, B는 기술부서의 책임자다. 보통 회사는 기술부서가 재무부서보다 더 크게 마련이다. A는 중국인 여성이고, B는 미국인 남성이다. 이전에 B는 A의 상사로, A가 입사 시험을 볼 때 면접관이었다. 후에 사장은 B를 기술 부서장으로, A를 재무부서장으로 임명하여, 그들은 동등한 직위가 되었다. 다시 말하자면, A

는 과거에 B의 부하직원이었지만, 지금은 B와 동등한 직위가 된 것이다. 그렇다면 문제가 생길 수 있다. 어떤 문제일까?

A 밑에는 잭이라는 사람이 있는데, B는 그를 자기 부서로 데려오고 싶어하지만, A가 보내지 않으려고 한다. 다시 말하면, 과거의 상사는 당신 수하에 있는 직원을 요구하는데, 당신이 허락하지 않는 상황이다. 그렇게 되면 B는 화를 내며, "세상 무서운 줄 모르는군. 널 누가 키웠는데? 네 밑에 있는 사람이라면 바로 내 사람이나 다름없고, 지금 필요하다고 하면 바로 보내줘야 할 것 아닌가? 그래, 이제 내 도움이 필요 없단 말이지?"라고 생각할 것이다.

그렇다면 B는 왜 잭을 원하는가? 그는 잭에게 신상품 개발 업무를 맡기려 했고, 그것은 회사의 최우선 발전 프로젝트였다. 그렇다면 A는 왜 잭을 보내지 않으려 하는가? 그녀는 잭을 붙잡아 두고 요금 시스템을 정비하고자 했다. 이것 또한 회사의 최우선 발전 프로젝트였다. 두 가지 모두 중대한 프로젝트였기에 충돌이 생긴 것이다.

B가 다른 사람이 아닌 잭을 요구하는 것은 그가 우수한 인재라고 생각했기 때문이고, A가 죽어도 그를 보내지 않으려는 것 역시 그에게 중요한 임무를 맡겼기 때문이다. 하루는 B가 A에게 전화를 걸어 잭을 보내달라고 하자, A는 B에게 "죄송합니다. 잭을 보낼 수 없습니다"라고 말했다. B는 "잭을 보낼 수 없다면, 잭보다 더 유능한 사람을 찾아 보내세요"라고 말했다. 잭보다 더 나은 사람을 찾기란 매우 어렵거니와 과거의 상사 요구를 들

어주다 보면 끝이 없을 것이다. 이렇게 서로 대치하여 양보하지 않는 상황에서 어떻게 하겠는가?

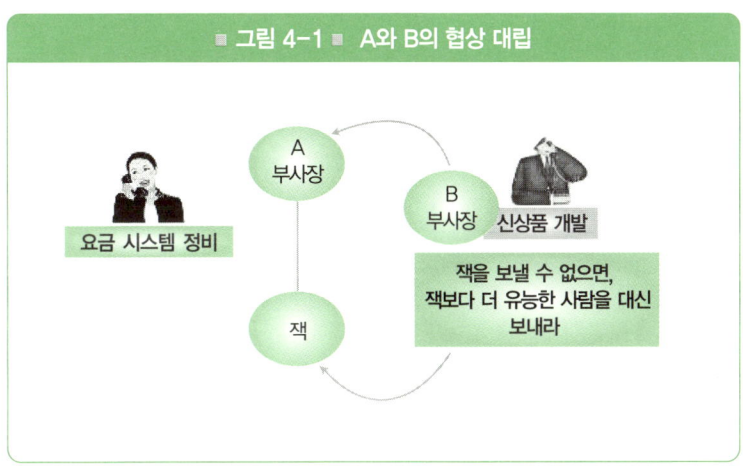

■ 그림 4-1 ■ A와 B의 협상 대립

이것은 중국인과 미국인의 협상이다. 만약 같은 나라 사람 간의 협상이라면 더 복잡할 것이다.

사례

한 외국계 기업에서 강연을 할 때, 수강생이 이런 사례를 들려주었다. 그는 총무부 책임자의 부하직원이었다가 후에 마케팅부 책임자로 승진했다. 총무부 책임자와 마케팅부 책임자는 동등한 직위에 있을 뿐만 아니라, 총무부 사람들은 종종 마케팅부의 지시에 따라 일을 처리해야 했다. 게다가 총무부 책임자는 마케팅부 책임자보다 나이가 더 많았다. 보통은 나이 많은 사람이 나이 적은 사람을 끌어줘야 하지만, 나이가 적은 사람의 통제를 받게 되었으니 그로서는 당연히 견디기 어려운 일이었다. 총무부 책임자는 "저 사람은 원래 내 밑에 있었는데, 지금 내 앞에서 함부로 이래라저래라 하고 있으니, 도대체 어떻게 하자는 거야?"라고 생각할 것이다.

그래서 마케팅부 책임자는 나에게 찾아와 물었다. "선생님, 저는 어떻게 해야 할까요? 예전 상사와 대화를 할 수가 없습니다. 제 말을 전혀 들으려 하지 않아서 소통하기가 어렵습니다."

사실 사장은 총무부 책임자를 승진시키고, 그 자리에 젊은 사람을 배치해 그들이 평등하게 대화할 수 있도록 해주어야 한다. 미국인은 우리에 비해 연배를 그다지 따지지 않는데, 방금 전 사례는 어떻게 설명할 것인가?

그 사례에서 A가 내 수강생이라고 가정하고, 협상 강의에서 배운 것을 응용해보자.

관계 강조하기

먼저 A는 B와의 관계를 강조해야 한다. 어떠한 협상이든지 '관계'는 우리가 사용할 수 있는 전술을 제약한다. 그래서 A는 이 미국인에게 "당신은 나의 스승이고, 나는 우리가 원만한 관계를 유지하기를 희망한다"는 것을 표현하고자 한다.

적절한 소통 수단 선택하기

일반적으로 소통을 할 때는 직접 대면, 전화 통화, 서신 등의 방법을 선택할 수 있다. A는 전화는 성의가 없고 편지도 적절한 방법이라고 생각하지 않았기 때문에, 직접 대면하여 소통하는 방법을 선택했다.

한번은 B를 직접 찾아가 그들의 관계를 강조한 적이 있다. A는 B에게 말했다. "당신은 저보다 연배도 높고, 저의 스승입니다. 다른 사람들은 우리 두 사람의 관계가 어떻게 될지 주시하고 있습니다. 우리는 절대 다른 사람들에게 말다툼하는 것을 보여서는 안 됩니다. 제가 말할 때 잘못된 부분이 있다면, 지적해주십시오. 저의 모든 것은 당신이 가르쳐주신 것이기 때문입니다."

스승이 제자와 협상을 하면, 바로 이 부분에서 손해를 보게 된다. 당연히 그 미국인은 '스승'이라는 말을 들으면 기분이 좋아진다. "당신은 나의 사장도 아니고, 나의 동료도 아니며, 나의 스승입니다"라는 말에 누군들 좋아하지 않겠는가.

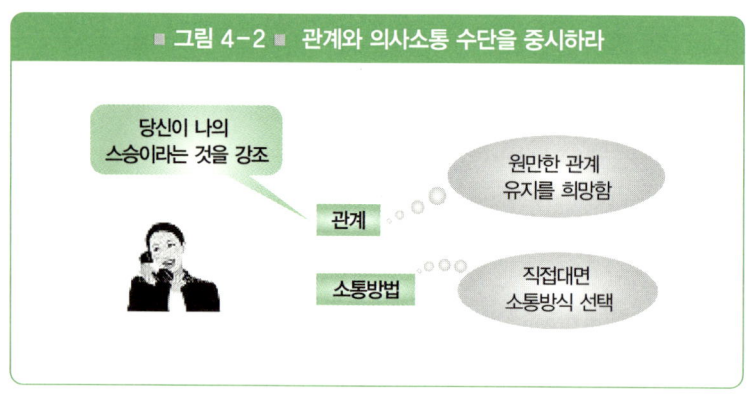
■ 그림 4-2 ■ 관계와 의사소통 수단을 중시하라

당신이 나의
스승이라는 것을 강조

관계

원만한 관계
유지를 희망함

소통방법

직접대면
소통방식 선택

이유를 제기하여
당신의 입장 지탱하기

협상에는 반드시 '근간'이 있어야 하고, '근간'을 사용해 우리의 요구를 지탱한다. 즉, 내가 왜 잭을 원하는지, 두 프로젝트 모두 회사의 최우선 발전 프로젝트이지만, 왜 내 일이 당신 일보다 더 우선시되어야 하는지 이유를 들어 설명해야 한다.

A가 B에게 "스승님께 설명을 해드리죠. 우리 두 사람이 맡은 것은 모두 회사의 최우선 발전 프로젝트로, 제가 잭을 원하는 이유는 고의로 당신 앞을 막으려는 것이 아니고, 저도 어쩔 수 없기 때문입니다. 저의 부서에서 하는 일이 요금 시스템 관리인데, 요금 시스템이 하루빨리 나오지 않으면 그쪽에서 개발하고 있는 신상품도 출시될 수 없게 되고, 요금도 받을 수 없게 됩니다. 그래서

회사 전체의 이익을 위해 저의 요금 시스템을 먼저 관철시키려는 것입니다. 고의로 그러는 것이 아닙니다"라고 해명한다.

객관적인 원칙을 사용하여 자신의 입장을 지탱하는 것이다.

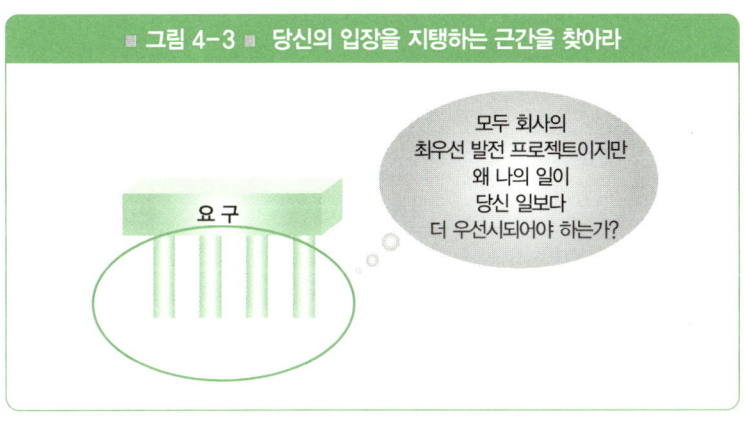

■ 그림 4-3 ■ 당신의 입장을 지탱하는 근간을 찾아라

모두 회사의 최우선 발전 프로젝트이지만 왜 나의 일이 당신 일보다 더 우선시되어야 하는가?

요구

Must와 Want를 사용해 쌍방의 요구 비교하기

우리는 협상 테이블에서 어떤 것이 Must이고, 어떤 것이 Want인지 알아야 하며, 쌍방이 각자의 요구를 협상 테이블 위에 펼쳐놓아야 한다.

예를 들어, B는 한 사람을 찾아 새 프로젝트를 맡길 생각이다. Must의 관점에서 본다면, 그는 반드시 영어를 잘해야 하며, Want의 관점에서 본다면, 일본어도 잘하면 금상첨화다. Must의 관점에서 본다면 그는 반드시 컴퓨터 프로그램 운용을 할 수 있어야 하고, Want의 관점에서 본다면 컴퓨터 하드웨어도 다룰 줄 안다면 더욱 좋을 것이다.

B는 자신이 원하는 능력과 필요로 하는 사람이 반드시 갖추어야 하는 능력을 종합적으로 고려했을 때, 그 조건에 부합하는 사람은 잭밖에 없지만, Must의 관점에서만 본다면 토니도 충분히 그 업무를 담당할 수 있다.

그러나 나의 학생 A는 어떤가? 그녀는 단지 Must만을 말해야지, 어떻게 Want를 말하겠는가? 그녀가 Must를 말하면, 회사 안에서 잭 한 사람만이 부합한다. 다른 말로 하자면, "당신은 토니를 선택할 수 있고 또한 빠져나갈 구멍도 있는데, 왜 잭을 나에게 양보하지 않으려 합니까?"라고 할 수 있다.

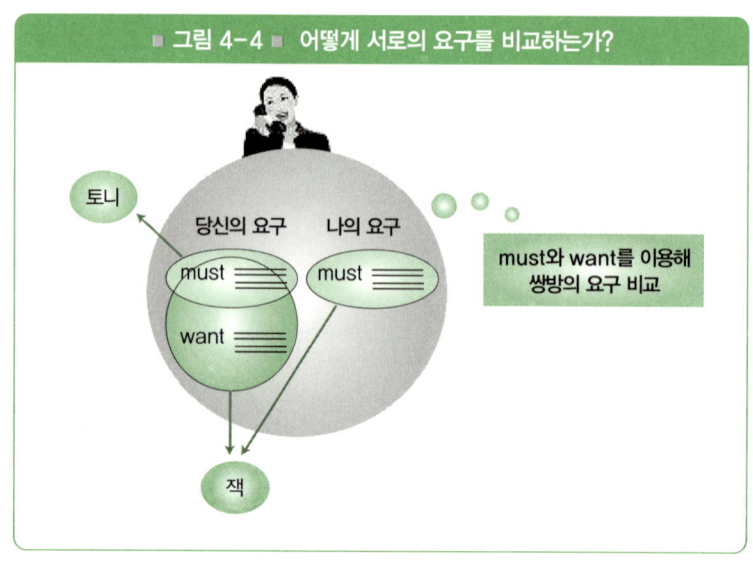

■ 그림 4-4 ■ 어떻게 서로의 요구를 비교하는가?

토니

당신의 요구   나의 요구

must   must

want

must와 want를 이용해
쌍방의 요구 비교

잭

상대방이 양보로 인해 지불해야 할 비용 줄여주기

상대방이 양보로 인해 생기는 비용을 줄여주어, 그가 과감하게 당신에게 지도록 하는 것은 협상에서 대단히 중요하다. 이것은 협상의 기본적 소양이다. 그렇다면 상대방이 양보로 인해 지불해야 할 비용을 줄여준다는 것은 무엇인가? 예를 들면, 나의 학생 A가 B에게 "잭을 나에게 보내준다면 나는 당신이 토니를 교육하는 것을 돕겠습니다"라고 말한다. 이처럼 그에게 바로 다른 사람을 임용할 수 있도록 하는 것이다. 그러면 B는 결국 A의 제안에 동의할 수밖에 없다.

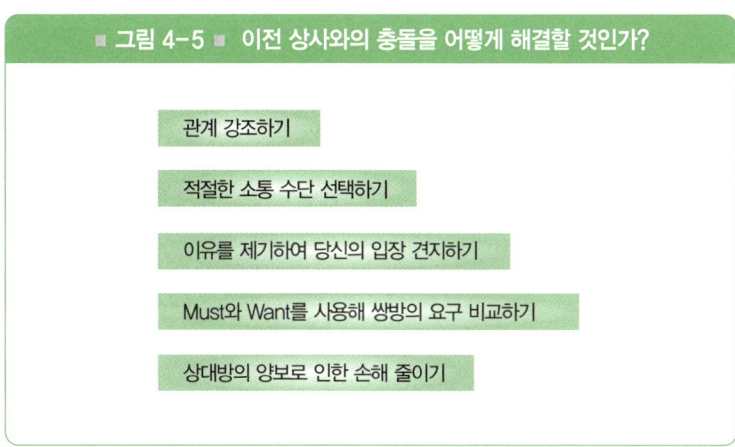

▦ 그림 4-5 ▦ 이전 상사와의 충돌을 어떻게 해결할 것인가?

관계 강조하기

적절한 소통 수단 선택하기

이유를 제기하여 당신의 입장 견지하기

Must와 Want를 사용해 쌍방의 요구 비교하기

상대방의 양보로 인한 손해 줄이기

후에 A는 나에게 전화를 걸어 말했다. "이 협상에서 가장 만족스러웠던 점은 상대방이 저에게 잭보다 더 훌륭한 사람을 찾아달라고 했지만, 그의 협상 전술에 넘어가지 않고 오히려 그를 끌어

내어 내 협상 전술 규칙에 따라오도록 했다는 것입니다. 내가 그를 이끌어내어 Must와 Want의 규칙에 적용시켜 전체 형세가 바뀌었습니다."

나는 말했다. "맞습니다. 협상을 아주 잘하시는군요. 그렇지만 상대방의 사기를 높여주어서 스스로의 위세를 꺾으라는 것은 아닙니다. 미국인은 상대적으로 협상하기가 비교적 쉽지만, 중국인들 가운데에는 마구 생트집을 잡는 사람들이 많아서, 당신의 Must와 Want 규칙은 근본적으로 소용없다는 것을 알려주고 싶군요. 그래서 많은 회사들이 내 강의를 듣고 싶어하죠. 만약 모두가 내 강의를 듣는다면, 최소한 Must와 Want가 하나의 해결 방법임을 알게 될 것이고, 그렇게 하면 많은 불필요한 내적 소모를 줄일 수 있습니다."

많은 사람들이 문제를 해결할 줄 모르기 때문에, 나는 이 직장 협상의 예를 들어 설명한다. 이러한 문제 해결 방식은 외국인과의 협상뿐만 아니라 다른 상황에서도 사용할 수 있다. 예를 들면, 부서 내부 사람들과의 충돌, 또는 다른 회사와의 충돌 등에서 모두 유용하게 사용할 수 있다.

회사생활이 편안해지는 의사소통의 기술

2 충돌의 4가지 문제 해결 모형

일반적으로 충돌 해결에는 자원 증가, 교집합 찾기, 제휴하기, 절단하기 등 몇 가지 모형이 있다.

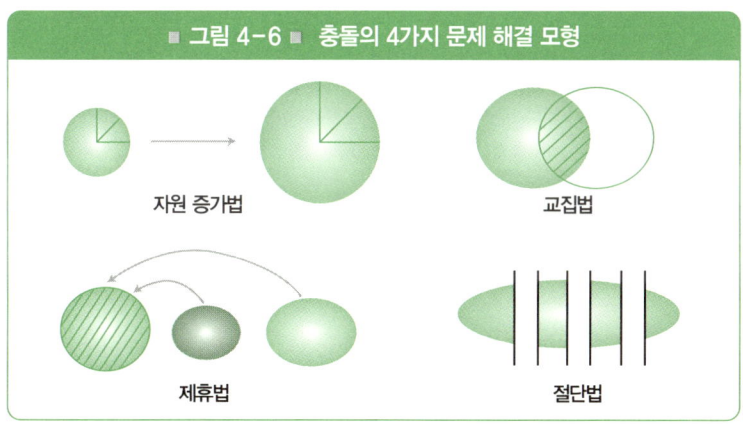

■ 그림 4-6 ■ 충돌의 4가지 문제 해결 모형

자원 증가법   교집법

제휴법   절단법

자원을 증가시켜라

우리 모두가 자신의 몫을 좀더 원한다면 파이를 크게 만들어야 한다는 것을 알고 있다. 즉, 자원을 증가시켜야 한다. 그러나 파이를 크게 만든 후에 많이 가져갈 수 있는 기회는 늘어날지 모르지만, 반드시 우리가 그만큼을 더 가져갈 수 있다고 보장할 수는 없다. 다른 사람이 더 많이 차지해버리면 그만큼 당신의 몫이 작아질 것이다. 거꾸로 파이를 작게 만들었다고 당신이 반드시 적게 가져가는 것은 아니다. 다른 사람이 적게 챙겨가는 것이지, 당신이 적게 가지는 것이 아닐 수 있기 때문이다.

교집합을 찾아라

당신과 상대방이 각각 자기 의견만 고집한다면, 충돌을 해결하기 어렵다. 모두 일치하는 점만 취하고 의견이 서로 다른 점은 잠시 보류하며 이익이 나는 점과 쌍방의 최대 공약수를 찾아야만 비로소 일정한 합의에 도달할 수 있다.

제휴하라

　　　　　　　제휴하라는 것은 무슨 뜻인가? 예를 들어, 나는 당신이 나한테 비교적 취약한 A를 양보해주기를 바란다. 한편 당신은 나에게 B를 요구한다. 만일 당신이 나에게 A를 양보해주지 않는다면 나는 B를 카드로 꺼내든다. "나한테 A를 준다면, 당신에게 B를 주겠습니다. 어떻습니까?" 이때 당신이 안 된다고 하면, 이번에는 C를 꺼내든다. 왜냐하면 당신이 C도 요구했기 때문이다. 그리고 다시 "나에게 A를 준다면 B를 줄 것이고, C도 주겠습니다"라고 말한다. 원래 협상 테이블에는 단지 하나의 물건이 있었지만 내가 두 번째, 세 번째 것을 올려놓는다. 이것을 바로 제휴라고 한다. 당신이 이것을 나에게 주면, 나는 당신에게 그것을 주는 것으로 제휴의 분류상 '아첨'이라고 한다.

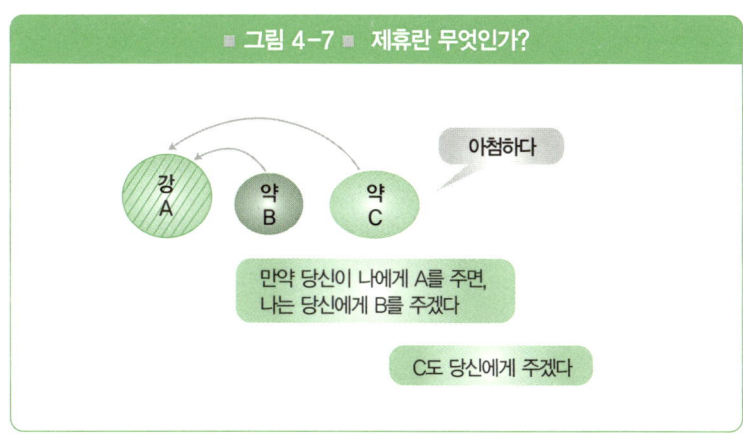

■ 그림 4-7 ■ 제휴란 무엇인가?

제휴에는 두 가지 종류가 있다. 하나는 "당신이 내게 A를 주면,

나는 당신에게 B를 주겠다"는 것으로, 즉 아첨이다. 다른 하나는 "당신이 내게 A를 주지 않으면, 나는 당신에게 B를 주지 않겠다"는 것으로, 이러한 제휴는 전술의 분류 가운데 '협박'이라고 부른다. 일반적으로 기업 내부에서는 협박이 아니라 아첨을 사용한다. 사실상 아첨과 협박의 효과는 같다. 예를 들어보겠다.

당신이 물건을 사러 가게에 들어가서 주인에게 "이걸 좀 싸게 해주시면 이 가게에서 사겠습니다"라고 말한다. 그러면 주인은 이렇게 말할 것이다. "지금 나를 협박하는 겁니까? 당신 말은 내가 싸게 팔지 않으면, 이 가게에서 사지 않겠다는 건가요?" 당신은 "무슨 말씀을……, 저는 단지 싸게 해달라고 했을 뿐인데"라고 변명할 것이다. "당신이 이것을 싸게 해준다면, 당신네 가게에서 사겠습니다"라는 말은 아첨이라고 해야 하는가, 아니면 아첨의 옷을 입은 협박이라고 해야 하는가? 정답은 "분명하지 않다." 즉 두 가지 경우에 모두 사용된다.

절단하라

어떠한 협상이든지 협상 테이블 위에는 항상 단일한 것이 아니라 조합과 세트로 올려진다. 비즈니스 협상을 예로 들면 가격, 규격, 수량, 지불 방식, 납품 등을 함께 협상하지만, 협상을 할 줄 모르는 사람은 가격 하나만 잡으려고 한다. 예를 들면, 100원은 안 되고, 80원도 곤란하고, 60원에 해야 거래가 성사된다.

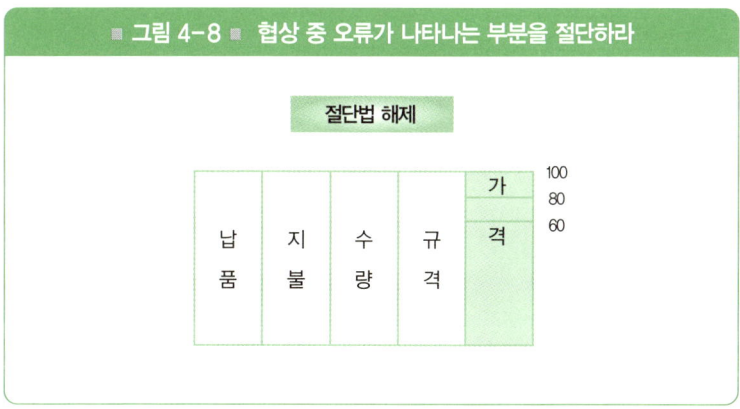

■ 그림 4-8 ■ 협상 중 오류가 나타나는 부분을 절단하라

절단법 해제

납품	지불	수량	규격	가격
				100 80 60

협상에서는 승자라고 해서 완전히 이긴 것도 아니고, 패자라고 해서 완전히 진 것도 아니다. 절단한 이후, 중간에 교환의 공간이 있는지 없는지 살펴본다. 오늘 내가 가격, 규격, 납품을 손에 넣고, 수량이나 지불에 관해서는 상대방에게 포기할 수 있다면, 다음에 서로 좋은 얼굴로 만날 수 있다. 내가 당신의 것을 몇 덩이 손에 넣고, 다시 당신에게 몇 덩이를 돌려주는 것이 바로 '절단 교환'이다. 그러므로 협상에서는 흑마가 아니면 절대 안 된다든지, 혹은 백마가 아니면 안 된다고 말해서는 안 되며, 경우에 따라서는 얼룩말도 받아들일 수 있어야 한다.

내가 불리한 입장에 있는 판매자로서 가격을 올릴 방법이 없다면, 수량이나 돈의 지불 방법을 다투게 될 것이고, 구매자가 수량과 지불에서 일정한 보상을 해주기를 바랄 것이다. 내가 열세에 있는 구매자로, 가격을 낮출 방법이 없다면, 상대방과 대금 지불 방법과 납품 문제를 다룰 것이고, 판매자가 물품 납품 횟수를 늘려주고, 나의 재고 원가를 줄여주기를 원할 것이다. 이런 것들이 모두 협상의 표준 행동이다.

A를 손에 넣을 수 있다면 B, C는 필요 없고, A를 손에 넣지 못하면, B와 C가 필요하다. 협상을 할 때에는 이렇게 패를 바꿀 수 있어야 한다.

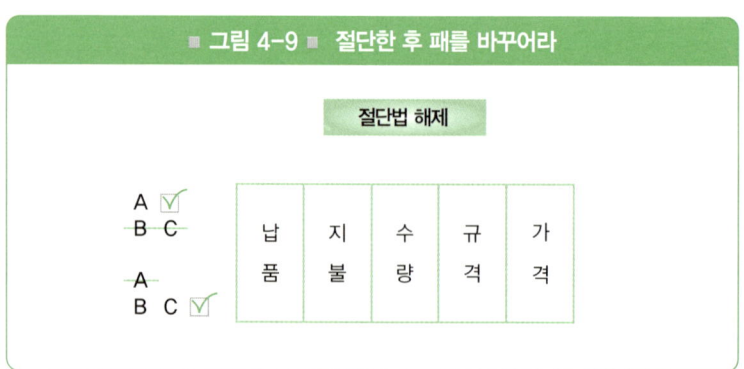

■ 그림 4-9 ■ 절단한 후 패를 바꾸어라

3 조합형 협상의 진행법

마케팅부와 총무부 충돌의 5가지 해결 방법

사례

어느 회사의 마케팅부와 총무부는 모두 김 대리를 자기 부서에 데려가고 싶어한다. 김 대리는 업무 경험이 풍부할 뿐 아니라, 컴퓨터 분석에도 뛰어난 인재이기 때문이다. 마케팅부 직원들은 실무 기초와 경험이 없기 때문에 김 대리가 마케팅부에 오면 품질 향상에 도움을 줄 것으로 기대한다. 한편 총무부는 김 대리가 컴퓨터 링크를 하는 데 도움을 줄 수 있기 때문에 그를 원한다. 총무부 직원들은 늘 밖에서 일을 하느라 컴퓨터를 잘 다루지 못한다. 지금 두 부서는 이 문제 때문에 관계가 경직되었다. 어떻게 이 마찰을 해결해야 하는가?

■ 그림 4-10 ■ 총무부와 마케팅부의 충돌

총무부 ← 김 대리 → 마케팅부

컴퓨터 링크   품질 향상

어떤 사람은 "선생님, 이건 무척 간단한 문제가 아닙니까? 김 대리에게 어느 부서로 가고 싶은지 물어보면 되잖아요"라고 말한다.

그러나 이 문제가 그렇게 간단한 것일까? 김 대리를 앞에 세워두고서 두 부서의 책임자들이 일촉즉발의 상황에서 소매를 걷어올리고 "김 대리, 말해보십시오. 당신은 어느 쪽 부서에서 일하고 싶은가요?"라고 묻는다면, 김 대리는 분명 "저는 아무래도 상관없습니다. 위에서 결정하는 대로 따르겠습니다"라고 말할 것이다. 어느 쪽으로 가든 그들의 눈에 벗어날 게 뻔한 상황인데, 어떻게 말할 수 있겠는가?

우선 우리는 그것이 어떤 유형의 문제인지를 분석하고, 충돌이 어디에서 시작되었고, 어디까지 확대될지를 살펴보아야 한다. 이것은 분명 자원 분배의 문제다. 김 대리는 오직 한 명뿐이고, 두 부서가 모두 그를 데려가려고 하기 때문이다. 그렇다면 우리가 앞에서 배운 방법을 사용해서 어떻게 문제를 해결할 것인가?

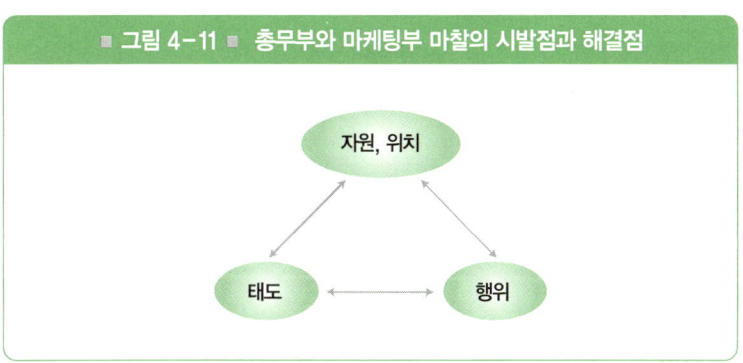

■ 그림 4-11 ■ 총무부와 마케팅부 마찰의 시발점과 해결점

첫 번째 방법은 자원을 증가시키는 것이다. 즉 파이를 크게 만든다. 김 대리처럼 시장과 실무를 잘 이해하는 사람을 얻기는 매우 힘들지만, 이런 사람이 전혀 없다는 것을 의미하지는 않는다. 다시 말하면 김 대리처럼 유능한 사람을 뽑으면 문제가 해결될 것이다! 총무부에서 김 대리를 필요로 하는 이유가 컴퓨터 링크에 도움을 받기 위해서라면, 박 대리나 임시 직원을 채용해서 일을 맡길 수도 있다. 결국 관련된 일을 하는 사람을 찾는 것이다.

두 번째 방법은 교집합을 찾는 것으로, 김 대리를 총괄 관리부에 배속시키거나 컴퓨터 부서를 설립하는 것이다. 만약 두 부서에서 모두 김 대리를 필요로 하면, 김 대리를 총괄 관리부에 배속시킬 수도 있다. 예를 들면 사장실 직속이나 컴퓨터 부서를 만들어 다른 부서를 지원하도록 하는 것이다. 이것은 어느 부서에도 속하

지 않으면서 모든 부서를 지원할 수 있는 방식으로, 교집법이라고
부른다.

　세 번째 방법은 제휴를 맺는 방법으로, 다른 의제를 끌고 들어
오는 것이다. 예를 들면, 총무부는 마케팅부에게 "만약 당신이 김
대리를 우리 부서에 보내주신다면, 우리는 대신 다른 일을 해드리
겠습니다. 어떻습니까?"라고 제안할 수 있다. 마케팅부가 김 대리
를 데려오고 싶으면, "김 대리를 우리 쪽에 보내주시면, 제가 컴퓨
터 링크를 해드리면 되지 않겠습니까? 어떤가요?"라고 말할 수 있
다. 다른 의제를 더해서 협상 테이블의 구조를 바꾸는 것을 제휴
법이라고 부른다.

　네 번째 방법은 절단하는 것이다. 김 대리의 시간을 분리하는
것이다. 어떤 사람은 김 대리를 오전에는 마케팅부에서 일하도록
하고, 오후에는 총무부에서 일하도록 하자고 하고, 또 어떤 사람
은 두 달은 총무부에서 일하면서, 컴퓨터 링크시키는 일이 끝나면
다시 마케팅부에서 일하게 하자고 한다. 또 어떤 사람은 월, 수,
금요일은 마케팅부에서, 화, 목요일은 총무부에서 일하게 하는 게
어떠냐고 말한다. 월, 수, 금 또는 화, 목요일로 나누거나, 오전,
오후로 나누거나, 혹은 3개월, 6개월 분기에 따라 나누는 것을 절
단법 문제 해결 방식이라고 부른다.

　또 다른 방법이 있다. 예를 들면 마케팅부가 총무부에게 이렇게
말한다. "김 대리처럼 경험이 풍부한 사람에게 컴퓨터 링크 일을
시키는 것은 시간 낭비입니다. 대신 젊은 이 대리를 당신에게 보
내면 안 되겠습니까? 김 대리처럼 그렇게 능력이 있지는 않지만

컴퓨터 링크에 대해서는 탁월한 능력을 갖고 있습니다." 이것을 '양보로 인한 손해를 줄여주기'라고 한다.

　이상 다섯 가지 방법을 사용하면 대부분의 문제나 충돌을 해결할 수 있다.

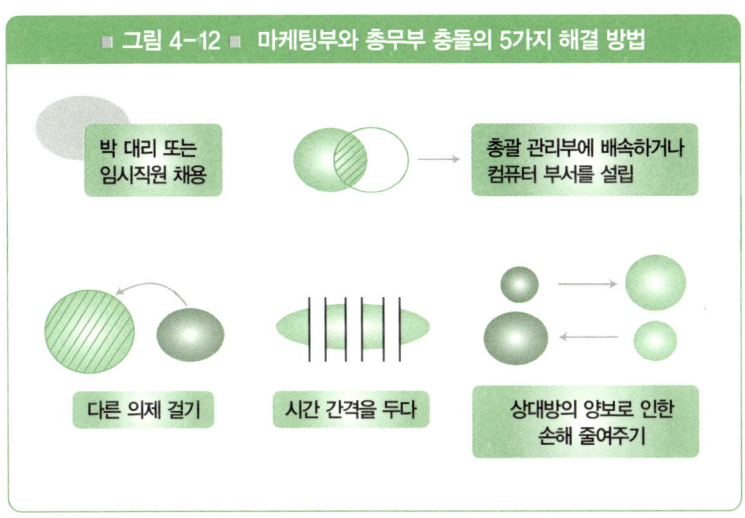

■ 그림 4-12 ■ 마케팅부와 총무부 충돌의 5가지 해결 방법

박 대리 또는 임시직원 채용

총괄 관리부에 배속하거나 컴퓨터 부서를 설립

다른 의제 걸기

시간 간격을 두다

상대방의 양보로 인한 손해 줄여주기

　어떤 사람은 "한 가지 방법이 더 있습니다. 바로 총무부와 마케팅부를 통합하는 것입니다"라고 말한다. 이것은 교집합이 아니라 합집합이다. 두 부서를 통합하는 것이 가능한가? 불가능한 경우도 있다. 부서가 통합된 후, 두 부서의 책임자 중 한 사람은 일자리를 잃어버릴 수도 있다는 것을 생각해본 적이 있는가?

조합형 협상의 6가지 절차

부서 간의 협상은 일반적으로 모두 조합형 협상이다. 결국 연합을 해야만 크게 만들 수 있지 않겠는가. 그렇다면 조합형 협상은 어떻게 하는 것인가?

명확하게 표현하라

명확하게 표현하라는 것은 기대하는 바가 무엇인지를 말하라는 것이다. 협상할 때, 반드시 요구를 말해야지 절대 당연하다고 생각해서는 안 된다. 당신이 요구를 말하지 않으면 다른 사람들이 어떻게 알겠는가? 결혼한 지 오래되면, 아내들은 "이런 것까지 다 말로 해야 해?"라고 말한다. 그러면 남편은 "말하지도 않는 것을 어떻게 다 알아맞힌단 말이오?"라고 답답해한다. 이처럼 부부관계에서는 때때로 알아맞혀야 할 필요가 있지만, 회사 안에서는 절대 부부관계처럼 해서는 안 되며, 반드시 분명히 말해야 한다.

상대의 반응을 보고 당신의 기대를 검증하라

상대방의 반응을 보고 협상의 강도를 조절해야 한다. 여기서 두 부분으로 나눠서 이야기해보겠다. 모든 협상, 특히 비즈니스 협상에서 우리는 명확하게 표현해야 한다. 예를 들면, 가격을 명확하게 표현하고, 대금 지불 방법을 명확하게 표현하며, 물품인도 조건도 명확하게 표현하고, 상대방이 어떤 반응을 보이는지를 살펴보아야 한다. 상대방이 강력하게 반응하며 당신을 막는다면, 당신이 더 이상 주장할 수 없다는 얘기다. 만약 당신의 말에 상대방이 특별한 반응을 보이지 않으면, 당신은 일을 밀고 나갈 수 있다. 결국 당신은 상대방의 강약의 정도를 시험하고 있는 것이다. 그렇다면 밀리는 쪽은 상대를 막으려 할 것이다. 당연히 상대도 당신을 오도할 수 있다. 즉, 상대방이 분명 A라는 부분을 매우 중시하지만 고의로 당신에게 A를 추진하도록 하거나, 반대로 A를 별로 중시하지 않으면서 고의로 당신을 가로막는 것이다.

사실 협상 테이블의 밀고 당기기는 정보의 교환이다. 대내 협상이든지 대외 협상이든지 간에 모두 이 밀고 당기기를 사용할 수 있다. 만약 상대방의 반응이 너무 강하다면, 당신의 요구가 지나친 것은 아닌지를 생각해봐야 한다. 부서 간 회의에서 당신의 표정이 중요하다는 것을 절대 잊어선 안 된다. 표정을 격렬하게 나타낼 수 있어야 상대방이 아마 반성할 것이다.

회사의 공동 이익을 강조하라

기업 내부의 협상이라면, 회사의 공동 이익을 강조해야 한다. 이 점은 절대 포기해서는 안 된다. 이것은 협상의 대전제이자 최종 목적이다. 결국 회사 내부의 충돌을 해결하는 것은 더 나은 회사의 공동 이익을 실현하기 위해서다.

선택적으로 비장의 카드를 꺼내라

협상에서 비장의 카드를 꺼낼 수 있다. 두 부서가 모두 이윤의 중심에 있다 할지라도, 상대방에게 비장의 카드를 조금은 보여줄 수 있다.

그러면 선택적으로 비장의 카드를 꺼낸다는 것은 무슨 말인가? 협상에서 모든 카드를 상대방에게 보여준다면 그것이 진짜라고 믿지 않을 것이다. 그래서 반드시 모든 카드를 보여주어서는 안 된다는 것을 기억해야 한다. 당신이 속을 다 보여준다 해도 상대방은 진짜라고 믿지 않을 수 있으므로 약간은 숨겨두어야 한다.

예를 들어, 내가 오늘 당신에게 비장의 카드를 보여주려고 한다면, 다음과 같이 말할 수 있다. "일이 이렇게 된 이상, 제가 해고의 위험을 무릅쓰고서라도 비장의 카드를 당신에게 보여드리겠습니다. 잠깐만요, 몇 가지는 꼭 감추어야 하겠습니다." 이렇게 말하면 비교적 진짜 같아 보인다. 그러므로 협상을 할 때에는 사소한 부분까지도 잘 고려하여 목표를 달성해야 한다.

충돌의 해결 모형을 파악하라

우리가 앞에서 언급한 네 가지 방법, 즉 자원 증가와 교집합 찾기, 제휴하기, 절단하기는 바로 충돌을 해결하는 네 가지 모형이다. 이 네 가지 모형은 협상의 네 가지 기본 동작으로, 대내 협상에서 융통성 있게 활용할 수 있다. 그 외에도 만약 당신이 고위 관리직 간부라면, 고위층 협상에 대한 더 많은 해결 모형을 제공할 수 있다.

협의 후 협의를 체결하라

기업 내부 협상에서는 협의 후 협의(Post-settlement settlement,

PSS)를 체결하는 것이 좋다. 무엇을 협의 후 협의라고 부르는가? 예를 들어보자.

오늘 협상하는데 상황이 매우 긴박한 탓에 조급하게 협약을 체결했다. 그러나 이 협약이 최선의 것일까? 그렇지 않다. 그래서 당신은 상대에게 "30분쯤 더 연구해서 더 좋은 방법은 없는지 살펴봅시다. 더 좋은 방법이 있다면 그 방법을 택하고, 그렇지 않으면 이전 협약대로 가는 것이 어떻습니까?"라고 말한다. 30분 후 당신은 더 좋은 해결 방안을 찾았다. 그래서 그 방안을 선택해 실현할 수 있다. 이것을 'PSS(협의 후 협의)'라고 한다.

몇 년 전 나는 타이베이의 IBM에서 이 방법에 대해 강의했다. 후에 IBM의 인사 총책임자가 "선생님의 강의를 듣고 난 후, 우리 IBM 내부에서는 PSS란 소리가 끊이지 않습니다"라고 말했다. 즉 그들 회사 내부에서도 다시 연구해서 더 좋은 방안이 있는지 살펴보고 있다는 말이다.

이것은 당신이 내 강의를 듣는 것과 같다. 당신이 내 강의를 처음 들을 때는 말하는 속도가 너무 빨라서 필기를 하기가 매우 어려울 것이다. 나도 내 강의 CD를 들으면서, 필기를 하려고 했는데 무척 어려웠다. 그래서 내 강의를 처음 들을 때는 내가 말하는 내용을 따라가느라 전혀 생각할 틈이 없을 것이다. 두 번째 강의를 들을 때에는 내가 무엇을 말하려는지 이미 알고 있기 때문에 생각할 시간이 있을 것이다. 세 번째 들을 때는 문제 제기를 할 수 있을 것이다.

타이완에서 강의를 할 때, 한 유명한 식품회사의 사장이 내 강의를 자주 들었다. 첫해에 그는 내 강의를 모두 들었고, 두 번째 해에는 오고 싶으면 오고, 가고 싶으면 가는 식으로 강의를 들었다. 즉 매번 강의를 들은 것도 아니고, 처음부터 끝까지 들은 것도 아니다. 한번은 반만 듣고 가고, 다음에 다시 와서 나머지를 듣고 갔다. 타이중에서 타이베이까지 달려와 강의를 듣는 날도 많았다.

나는 사장이 뒷자리에 앉아서 강의를 들을 때마다 곤혹스러웠다. 수강생들이 내 강의를 들은 적이 있다면, 강의 내용을 바꾸어야 할 뿐만 아니라, 어떤 농담은 같은 사람에게 두 번 써먹기가 어렵다. 매번 똑같은 농담을 들으면 성의 없다고 생각할 것이다.

그래서 나는 그 사장에게 말했다. "더 이상 강의를 들으러 오시지 않았으면 좋겠습니다. 사장님은 내 강의를 이미 들었기 때문에 새로운 방식으로 강의해야 하는데, 그렇게 되면 처음 온 수강생들은 손해를 본다고 생각할 것입니다. 그렇다고 제가 똑같은 강의를 하면 사장님께서 지겨워할까 봐 농담조차도 모두 바꾸어야 합니다. 다시 말하면, 사장님은 저에게 매우 큰 부담을 줍니다."

그는 설명했다. "제가 없다고 생각하면 안 되겠습니까? 사실 저는 강의를 두 번 들었습니다. 하지만 처음 들었을 때는 깊이 생각할 수가 없었습니다. 집으로 돌아와서 써먹으려고 해도 사용할 수가 없었습니다. 그래서 제가 어떤 요점을 놓쳤는가 생각하게 되었습니다."

그는 내가 언제 어느 부분을 강의하는지를 알아냈고 그날을 선택해 강의를 들었다. 강의를 듣고 이해가 되면 바로 돌아갔다. 실제로 배운 것을 사용할 때, 어려운 부분이 있으면 다시 강의를 들으러 왔다. 이렇게 2년이 되었을 때, 그는 조금씩 두 번을 듣게 되었고, 3년째는 나를 자신의 회사로 초청했다. 결국 강의를 세 번 들은 셈이 되었다.

어떤 경우, 급히 서둘러 협약을 체결하거나 강의를 들을 수도 있는데, 그것은 마치 소설을 읽는 것과 같다. 예를 들어, 무협 소설이나 탐정 소설을 보면서 책의 분량이 너무 두껍다면, 주인공이 어떻게 되는지 궁금해서 결말부터 들춰보려고 할 것이다. 따라서 당신이 처음 소설을 읽을 때는 스토리만 따라가는 것이지, 문학적 의미를 음미하지는 못한다. 두세 번 읽고서야 어디에 복선이 있었는지를 겨우 알아차릴 수 있다.

협상에서도 마찬가지다. 급하게 협상을 끝내면, 최고의 결과를 얻지 못할 수도 있다. 그렇게 되면 다시 한 번 협상을 하는 것이 낫다. 이것이 바로 협의 후 협의다.

물론 이 가운데 내가 비교적 유용하다고 생각하는 것은 반드시 기대를 표명해야 하고, 명확하게 표현하는 것이다. 부서 간 협상에서 최악의 상황은 모두가 아무 말도 하지 않는 것이다. 그렇게 되면 나중에 문제가 생길 수도 있다.

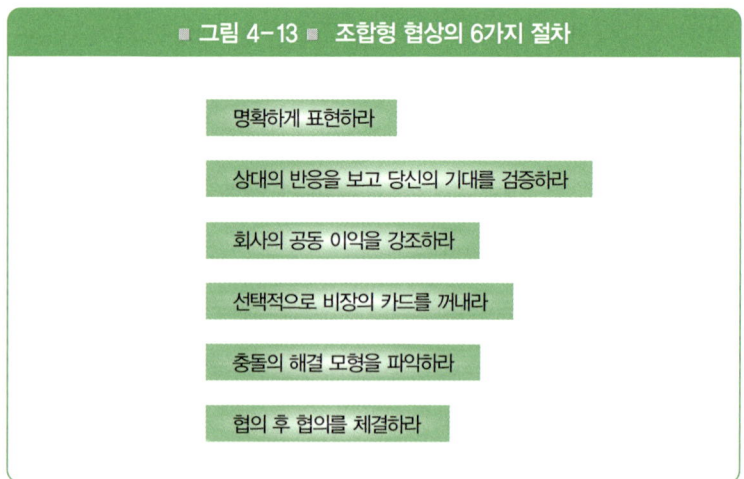

■ 그림 4-13 ■ 조합형 협상의 6가지 절차

명확하게 표현하라

상대의 반응을 보고 당신의 기대를 검증하라

회사의 공동 이익을 강조하라

선택적으로 비장의 카드를 꺼내라

충돌의 해결 모형을 파악하라

협의 후 협의를 체결하라

4 부서 간 협상의 7가지 전술

부서 간 협상 전술을 다음 일곱 가지로 정리해보았다.

사실이나 선례로 지렛대를 삼아라

사실이나 선례로 지렛대를 삼는 것은 부서 간 협상에서 자주 사용되는 전술이다. 이 말에는 두 가지 의미가 포함되어 있다. 첫 번째, 당신이 반드시 파악할 만한 사실이 있어야 한다. 두 번째, 선례가 있어서는 안 된다. 모든 협상에서 당신이 양보를 할 때에는 그것이 선례가 되지 않도록 보장받아야 한다. 그렇지 않으면 사람들은 선례를 들어서 당신에게 이것저것을 요구하기 때문에 후환이 끝이 없다. 사람들은 "이전에도 그런 선례가 있었지 않습니까?"라고 말할 것이다. 그러므로 어떠한 협상이든지, 그것이 선례가 되어서는 절대 안 되며, 단지 특별한 케이스가 되도록 해야 한다. 일단 선례가 되면 나중에 매우 번거롭게 된다. 예를 들어보자.

사례

청나라 말기에 좌종당(청나라 말기의 정치가. 농민반란과 폭동 진압 등의 경험을 통해 해군의 중요성을 인식하고 프랑스로부터 기술 원조를 받아 조선소를 설립. 양무운동의 선구자가 되었다 - 옮긴이)이 위구르족의 난을 토벌하고서 자희태후(서태후. 청나라 함풍제의 후궁이며, 동치제의 생모. 동치제와 광서제의 섭정을 지냄 - 옮긴이)의 부름을 받고 상경했다. 그런데 북경성 밖에서 성을 지키는 군사들이 그를 가로막았다. 청나라 규정에 따르면 외부의 장군이 성안으로 들어오려면 사람 수마다 돈을 내놓아야 했기 때문이다. 좌종당의 군대를 사람 수에 따라 계산하면, 대략 은자 7만 냥을 지불해야 했다. 당연히 좌종당에게는 그렇게 큰돈이 있을 리 만무였다. 그는 "태후의 부름을 받고 왔음에도 성의 수비들에게 제지당했으니, 성문 밖에 주둔하고 안으로 들어가지 말아야지. 태후가 어떻게 나오는지 두고 보자"라고 생각했다.

자희태후는 어떻게 했을까? 그녀는 사람을 시켜 내무부로부터 은자를 받아서 좌종당의 '입장료'를 지불하게 한 후, 궁으로 들어오도록 했다.

자희태후는 왜 황제의 교지를 내려 좌종당을 불러들이지 않았을까? 그것은 한번 관례가 깨지면 후환이 끝이 없다는 것을 알았기 때문이다. 그러므로 협상을 할 때는 그것이 선례가 되게 해서는 안 된다는 것을 주의해야 한다.

예를 들어 나는 당신과 협상을 해야 한다. 당신과 협상이 끝난 후에는 바로 A, B와 협상해야 한다. 그렇다면 당신과의 협상에서 양보를 할 수 있겠는가? 절대 할 수 없을 것이다. 일단 양보하게 되면, A와 B가 모두 나에게 양보해달라고 할 텐데, 그때는 어떻게 하겠는가? 그래서 당신은 나와의 협상에서 내가 처한 고충을 이해해야 한다. 당신은 내가 쉽게 양보할 수 없다는 것을 알지만, 내가 양보하도록 설득해야 한다. 어떻게 해야 하는가?

당신은 내가 양보함으로써 생기는 손해를 줄여주면 된다. 당신은 나에게 "걱정하지 마십시오. 이번 당신의 양보가 선례로 남지는 않을 것입니다"라고 말해야 한다. 내가 당신에게 양보하는 것이 선례가 되지 않을 때, 비로소 안심하고 양보할 수 있다. 마찬가지로 다른 사람의 양보를 얻으려면 그들의 양보가 특별 케이스가 되어야만 포기할 것이다.

선례는 협상 이론에서 포커스라고 한다. 선례가 있기 때문에 협상에서 그것을 지렛대로 삼을 수 있다. 당신 스스로 양보할 때 그것이 선례나 특례로 바뀔 수 있다고 생각해본 적이 있는가? 어떤 사람들은 양보할 때 그것이 특례로 바뀔 수도 있다. 예를 들어보자.

사례

내가 일로 무척 바쁘다 보니 우리 집 자동차는 항상 아내가 관리한다. 물론 자동차 수리도 아내의 몫이다. 평상시 나는 운전을 거의 하지 않고, 무슨 일이 있으면 아내가 나를 데려다준다. 어떤 사람은 "선생님, 아내를 비서로 두는 것은 너무 끔찍한 일 아닙니까?"라고 말한다. 나는 "그렇습니다. 그러나 반대로 비서가 아내라면 너무 낭만적입니다"라고 말한다. 결국 어떻게 생각하든지 간에 모두 스스로 내린 결정이다.

한번은 벤츠 회사에서 강의를 한 적이 있다. 정비소 소장이 내 수강생이었기 때문에, 벤츠 정비소 직원들은 대부분 나를 알고 있었다. 처음 자동차를 수리할 때 아내와 같이 가서 정비소 소장에게 소개시켜주었다. 정비소 소장은 우리를 매우 정중하게 대했다. 두 번째 수리할 때에는 아내 혼자서 갔다. 알다시피 벤츠는 수리 비용이 매우 비싸다. 그래서 아내는 "그 부품을 할인해줄 수는 없나요?"라고 물었다. 정비소 소장은 사무실 안으로 들어가더니 백지를 한 장 들고 나와서, "20퍼센트 할인"이라고 적어서 아내에게 몰래 주었다. 아내는 "20퍼센트 할인, 좋습니다"라고 하면서 얼른 받아들였다. 집으로 돌아온 아내는 무척 좋아하며 나에게 말했다. 나는 아내에게 말했다. "사실 그는 모든 사람들에게 그렇게 적어준다오. 그저 당신이 특례를 받았다고 생각되도록 했을 뿐이지."

우리는 보통 20퍼센트 할인해주겠다는 뜻을 종이에 써주면, 무척 좋아하며 다른 사람들이 볼까 봐 재빨리 챙겨 넣는다. 펜을 꺼내 20퍼센트 할인이라고 적힌 종이에 X표를 하고, 30퍼센트로 바꿀 사람은 거의 없을 것이다.

협상에서는 사실이나 선례를 지렛대로 사용해야 하고, 양보할 때에는 특례라는 것을 말해주어야 한다.

단도직입적으로 말하라

협상할 때 단도직입적으로 말하는 방법이 있다. 당신이 단도직입적으로 직접 요구할 경우, 흔히 중복식 협상이라 불리는 다른 방법과 맞추어야 한다. 즉, 당신은 계속해서 "나는 원한다, 나는 원한다, 나는 원한다"라고 반복해야 한다. 협상에서 이 방법은 어떤 특징을 가지는가?

"나는 원한다, 나는 원한다, 나는 원한다"라고 말한 횟수가 많을수록 듣는 사람도 많아지므로 되돌리기가 어려워진다. 그래서 당신에게 "이렇게 많은 사람들이 내가 말한 것을 듣고 보았으니, 체면 때문에라도 되돌릴 수 없습니다"라고 말한다. 이처럼 퇴로가 없기 때문에 반드시 내 입장을 고수해야 한다. 이 말은 결국 당신이 물러설 수밖에 없다는 뜻이다. 기왕 후퇴할 방법이 없는 바에야 단도직입적으로 요구해야 한다.

제휴하라

제휴는 둘 다 똑같은 이치로 교환하는 것이다. 당신이 나에게 A를 주면, 나는 당신에게 B를 준다. 회사 내부에서 가장 흔히 볼 수 있는 방식이다.

당신이 다섯 가지 문제를 협상하면서, 첫 번째와 네 번째 문제를 교환하고 싶다면, "나에게 첫 번째를 준다면, 나는 네 번째 문제를 당신에게 양보하겠습니다"라고 말할 수 있다. 이 경우 반드시 네 번째 문제를 갖고 와서, 첫 번째 문제와 함께 협상해야 한다는 것을 기억해야 한다. 이것을 수평 협상법이라고 한다.

만약 첫 번째 협상을 끝낸 후 합의에 도달하면, 두 번째 문제를 협상하고 합의에 도달한 후 다시 세 번째 문제를 협상하며, 네 번째 문제를 협상할 때 당신이 "네 번째는 당연히 저에게 양보해주실 거죠?"라고 말한다면 상대방은 "내가 왜 당신에게 양보를 해야 하나요?"라고 물을 것이다. 당신은 "작년에 첫 번째 문제를 협상할 때 제가 한차례 양보했잖습니까?"라고 설명한다. 그래도 상대방은 "그것은 이미 지난 일입니다"라고 말하며 양보하지 않을 것이다. 그래서 이렇게 직접 말하면 당신은 얻지 못할 것이므로, 당신은 "이것을 나에게 주십시오. 그러면 그것을 당신에게 주겠습니다"라며 그것들을 끌어다가 함께 말해야 한다.

아첨하라

아첨하는 것 중의 하나가 고의로 잘못 계산하는 것이다. 무슨 뜻인가? 사람들은 보통 잇속을 차리고 싶어하기 때문에 협상에서 그 점을 이용하여 고의로 계산을 틀리게 해서 상대방에게 보여준다.

사례

노사 협상을 하루 앞두고 노조 측 대표가 사장에게 월급 인상액으로 20만 원을 요구할 작정이라고 했다. 사장은 "20만 원? 농담하는 겁니까? 당신은 무슨 근거로 20만 원을 올려달라고 하는 겁니까?"라고 말했다.

사장은 매우 화가 나서 그 자리에서 계산하기 시작했다. 회사 측은 내일 협상에서 20만 원에서 최소한 20퍼센트를 줄인 16만 원에 타결을 봐야 하고, 절대 20만 원을 올릴 수 없으며, 가장 이상적인 것은 15만 원까지 내리는 것이라고 결론을 내렸다.

다음 날 협상 테이블에 앉자마자 노조 대표가 사과한다. "사장님, 죄송합니다. 어제 20만 원이라는 숫자는 잘못 계산한 겁니다. 제가 수학에 좀 약합니다. 20만 원이 아니라 12만 원만 올려주십시오."

사장은 마음속으로 "원래 16만 원에서 15만 원으로 깎으려고 했는데, 겨우 12만 원이라니"라고 생각한다. 그는 흔쾌히 대답하며 "좋습니다. 그럼 12만 원으로 하죠. 다음에는 틀리지 마십시오"라고 말한다.

사실 노조 대표가 처음부터 12만 원이라고 말했다면, 사장은 10만 원으로 깎으려 했을 것이다. 그러나 처음에는 높게 불렀다가 상대방이 생각했던 것보다 낮추어 말하면, 협상이 순조롭게 성사될 수 있다. 이처럼 고의로 잘못 계산하는 방법은 기업 내부 협상에도 사용할 수 있다.

상인들은 물건을 팔 때 곧잘 이런 방법을 쓴다. 처음에 높은 가격을 불러놓고 마지못해 깎아주면 당신은 물건을 매우 싸게 산 것처럼 느끼게 된다. 그렇지만 사실은 처음부터 모두 계산에 넣은 것이다.

사례

톈진에서 강의할 때 어떤 학생이 들려준 이야기다. 어떤 여학생이 옷가게에서 한참을 고르다가 결국 마네킹이 입고 있는 옷이 마음에 들었다. 가격표에는 700원이라고 붙여져 있었다. 판매원은 "마지막 남은 한 벌이라서 팔지 않습니다"라고 말했다.

여학생이 말했다.

"저는 이 옷이 무척 마음에 들어서 꼭 사고 싶어요."

그러자 판매원이 말했다.

"그럼 사장님한테 한 번 물어볼게요."

사장이 와서 말했다.

"이 옷은 마지막 남은 것이라 팔 수 없습니다."

여학생은 계속해서 "저는 이 옷을 꼭 사야겠습니다"라고 말했다.

사장은 "좋습니다. 하지만 700원에서 한 푼도 깎아줄 수 없어요"라고 말했다.

사장이 자리를 뜨자 판매원은 여학생에게 말했다. "사장님 말 들었죠? 하지만 제가 400원에 드릴 테니 더 깎지 말고 가져가세요."

여학생은 그 말을 듣자 무척 좋아했다. "400원요? 좋아요!"

그리고 서둘러 400원을 지불하고 마네킹에서 옷을 벗겨 사갔다. 잠시 후 점원은 똑같은 옷을 꺼내 마네킹에 입혔다. 사실 처음부터 모두 속임수였던 것이다.

내부 협상에서 일부러 계산을 틀리게 하는 것은 때로 매우 유용한 방법이다.

동맹을 체결하라

어떤 때는 부서 간에 동맹을 체결할 수 있다. 부서 간에 연합해서 모든 형세를 바꿀 수 있다면 동맹을 맺을 수 있다. 예를 들어, 오늘 회사에서 회의를 열어 투표를 한다거나 어떤 의안을 표결하려 한다면, 부서 간에 동맹을 체결하여 부서 간의 이익을 최대화할 수 있는 길을 공동으로 찾아볼 수 있다. 그래서 각종 상하 간의 동맹 체결이나 각 부서 간의 동맹 체결은 어디에나 있다.

상사에게 지원을 요청하라

상사에게 직접 말하는 것이다. 예를 들어 부서 간 마찰이 있을 때, 자신의 최고 상사에게 직접 이야기할 수 있다. 만약 친분이 있는 고위 간부가 있다면, 그 상사에게 보고하여 지원을 요청할 수 있다.

충돌을 잠재우거나 아니면 해결하라

충돌을 잠재우거나 아니면 충돌을 해결하라는 것은 표면적으로 드러난 것을 치료할 것인가 아니면 근본적인 것을 치료할 것인가의 문제다. 충돌을 잠재우고 그것을 억눌러두면, 언젠가 밖으로 드러나게 마련이다. 이것을 "표면적으로 드러난 것을 치료한다"라고 한다.

충돌을 해결한다는 것은 충돌이 해결된 후에 다시 드러나지 않는 것으로, "근본적인 것을 치료한다"라고 한다.

예를 들어, 회사 노동자들이 도로에서 항의 집회를 한다면 사장은 어떻게 해야 하는가? 문제를 근본적인 것부터 해결해야 하는가? 일시에 해결할 수 없다면, 먼저 그들을 회사로 돌아오게 한 후에 협상해야 한다. 우선 표면적으로 드러난 것을 치료하는 것이다. 그들이 돌아올 수만 있다면, 많은 번거로움을 피할 수 있다.

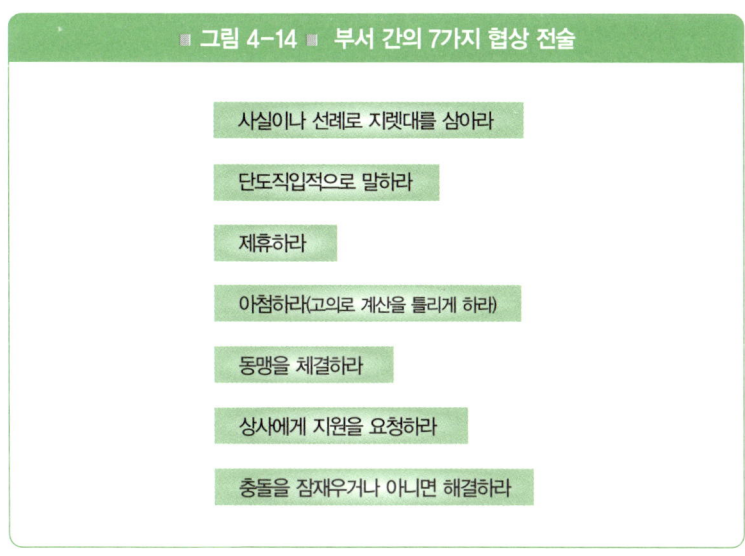

■ 그림 4-14 ■ 부서 간의 7가지 협상 전술

사실이나 선례로 지렛대를 삼아라

단도직입적으로 말하라

제휴하라

아첨하라(고의로 계산을 틀리게 하라)

동맹을 체결하라

상사에게 지원을 요청하라

충돌을 잠재우거나 아니면 해결하라

부서 간의 협상에서 당신은 어떤 방법을 사용할 수 있는지 살펴볼 수 있다. 당신이 이러한 전술을 사용했을 때, 앞에서 언급한 가격을 부르고, 명확하게 표현하는 등의 방법을 함께 사용할 수 있다.

기타 주의 사항

이 외에도 부서 간 협상에서 어떤 부분을 주의해야 하는가?

어떤 경우에는 사장이 어느 부서 출신인지, 그 부서의 영향력이 어느 정도인지를 주의 깊게 살펴보아야 한다.

사례

예를 들어, 생산부의 영향력이 크다고 생각하는가, 아니면 총무부의 영향력이 크다고 생각하는가?

총무부는 "우리가 주문을 받아오지 않는다면 당신들이 아무리 생산한들 무슨 소용이 있는가?"라고 말한다.

생산부는 "우리가 물건을 생산하지 않으면, 당신들의 주문서가 무슨 소용이 있나?"라고 말한다.

그러자 기술개발부에서 이렇게 말한다. "무슨 말입니까? 우리 부서의 연구가 없다면 당신들이 어떻게 생산을 한단 말입니까! 모든 일은 우리 기술개발부에서부터 시작되는 것입니다. 아시겠습니까?"

상황이 이러한데 무슨 말을 더 하겠는가? 각 부서들은 자기들이 대단하다고 생각하지만, 그 속에는 어떤 권력의 증감이 있지 않겠는가?

내가 만약 회사 내부에 들어가서 교육을 시킨다면, 당신들에게 회의를 열도록 해서 문제를 주고, 그것을 공정하게 처리하도록 할 것이다. 이것이 훈련과 관련된 과목이다. 오늘은 단지 개념에 대해서만 이야기했다. 개념은 다소 공허한 것이지만, 당신은 한편으론 듣고 다른 한편으론 각 부서 간에 적용해보면서 어떤 문제가 생기는지 살펴보아야 한다. 다시 예를 들어보자.

사례

한 컴퓨터 회사에서 고객에게 상품을 팔았는데 너무 싸게 팔았다는 것을 알았다. 그래서 총무부 책임자는 "어떤 기능을 추가해 돈을 더 받을 수는 없을까?"라고 생각했다. 예를 들어, 그 상품을 300만 원에 팔았는데 기능을 좀더 추가해 350만 원에 판다면 차액을 보상받을 수 있다.

그는 고객 측 구매부 책임자에게 달려가 "만약 기능을 추가하는 데 50만 원이 더 든다면, 예산이 있습니까?"라고 물었다.

구매부 책임자가 말했다. "상관없습니다. 하지만 기술개발부가 서명을 해야 물건을 살 수 있습니다."

그래서 총무부 책임자는 기술개발부로 달려갔다. 기술개발부 책임자는 이렇게 말했다. "무슨 소리를 하십니까? 제가 왜 서명을 해야 하죠? 나와 구매부 책임자는 사이가 안 좋은 걸 모르시네요. 내가 서명하면, 그들은 나를 도와주었다고 생각해 득의양양해할 것입니다. 당신 회사를 위해 난 그에게 빚을 지는 셈인데, 내가 왜 그렇게 해야 하죠?"

그래서 그는 다시 구매부를 찾아갔다. 구매부 책임자는 "그가 서명을 하지 않는데 저로서도 어쩔 수가 없습니다"라고 말했다.

그래서 총무부 책임자는 나를 찾아와 "저는 어떻게 해야 합니까?"라고 물었다. 나는 "당신은 원인이 무엇이라고 생각합니까?"라고 반문했다. 그는 "두 부서가 사이가 좋지 않기 때문입니다"라고 대답했다. 나는 그에게 설명해주었다. "그렇겠죠. 하지만 그들은 한통속일 수도 있습니다. 한 사람이 악역을 하고, 다른 사람은 착한 역을 하는 것입니다. 보통 회사 안에서 다른 사람과 협상을 할 때, 그들 내부의 충돌에 대해 이해해야 합니다. 나라면 구매부를 찾아가지 않을 것입니다. 그래봤자 아무 소용없을 테니까요. 그 대신 바로 기술개발부에 가서 서명을 받고 앞으로 두 부서 중간에서 어떻게 행동할지를 생각해볼 겁니다."

부서 간 협상에서 상대방이 나에게 양보를 할 때 그가 무엇을 잃고, 무엇을 얻을지를 생각해야 한다. 또한 어떻게 상대방이 당신과 협상하기를 원하게 할 것인가를 생각해야 한다.

모든 협상은 "협상하지 않으면 치러야 할 비용이 너무 높거나 협상으로 얻을 수 있는 효과가 충분히 만족스럽다"는 기초 위에 성립된다. 협상을 하지 않는 비용이 높으면 협상 테이블 밖으로 밀어내고, 협상의 효과가 크면 협상 테이블로 끌어당긴다. 대내 협상이든지 대외 협상이든지 모두 마찬가지다. 상대방이 협상을 하지 않았을 때 들어가는 비용을 높일 수 없다면, 그가 협상을 통해 얻을 수 있는 효과를 증가시켜야 한다. 두 가지 방법 모두 소용이 없다면, 아무도 협상하려 하지 않을 것이다.

5

회의 협상 방법

자리 배치는 어떻게 할 것인가? | 반대론자에 대한 대응책 |
회의에서 자신의 의견 '세일즈'하기 |

COMMUNICATION

1 자리 배치는
어떻게 할 것인가?

먼저 회의 좌석을 어떻게 배치해야 하는지를 이해해야 한다. 당신이 의장이라면, 회의의 주도권을 장악해야 한다. 그렇게 하려면 어떻게 회의 탁자의 특성에 따라 좌석 배치를 유리하게 할 것인지 알아보자.

사각형 회의 탁자

회의 탁자가 긴 사각형이라면 짧은 쪽의 양쪽 머리가 바로 회의를 주도하는 자리(그림 5-1)로, 반드시 그

곳을 장악해야 한다. 다시 말해서, 당신이 의장이라면 양쪽 머리 아무 쪽이나 선택해서 앉을 수 있다. 협상을 잘 이해하지 못하는 사람이 의장이라면, 긴 가로줄의 중간에 앉고, 부하직원을 양쪽 머리에 앉도록 할 것이다. 그렇지만 전반적 기세가 양쪽 머리에 있기 때문에 이 양쪽을 장악하는 것이 매우 중요하다.

물론 탁자 긴 쪽의 중앙에 앉게 되는 경우도 있다. 그것은 식당에서 요리를 집을 때 비교적 편하기 때문이다.

■ 그림 5-1 ■ 양쪽 머리를 장악하라

회의 탁자가 설명회를 개최할 때처럼 길고 탁자의 가로줄이 청중과 마주한다면 의장은 당연히 가로줄 중앙에 앉아야 한다. 이 밖에도 그림 5-2에서 회색 자리는 모두 회의를 주도하는 자리다. 당신의 자리와 4개의 자리가 더 있다면, 당신 양옆에 왕조(王朝)와 마한(馬汗)을 앉히고 탁자의 머리에 다시 장룡(張龍)과 조호(趙虎)를 앉힌다(포청천에 나오는 인물들로, 포청천의 오른팔과 왼팔에 해당한다 — 옮긴이). 만약 두 자리를 남겨두었는데, 장룡과 조호가 참석하지 않을 경우에는 왕조와 마한을 바로 양쪽에 앉도록 한다.

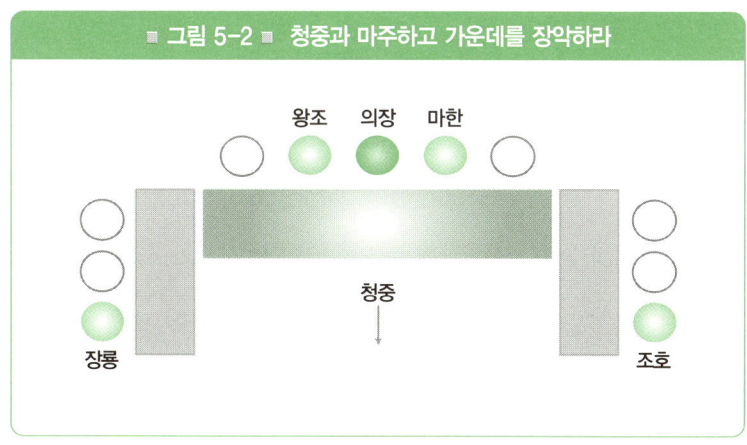

■ 그림 5-2 ■ 청중과 마주하고 가운데를 장악하라

왕조 의장 마한

청중

장롱 조호

물론 우리는 그림 5-1의 형태를 비교적 많이 사용한다. 회의 탁자가 길고 당신이 의장으로서 양쪽 머리 두 자리 중 아무 데나 앉는다면, 당신의 파트너는 다른 한쪽 머리에 앉도록 해야 한다. 의장 1명, 파트너 1명이 세로축을 장악하면 회의 분위기를 충분히 주도할 수 있다(그림 5-3).

■ 그림 5-3 ■ 긴 탁자의 자리 배치

의장 파트너

그림 5-3에서 가장 아랫줄의 회색 공은 어떤 자리일까? 그 자

리는 반대론자들의 자리다. 협상 전에 상대편에서 몇 명 오는지 확인해야 하는 이유는 자리 배치를 해야 하기 때문이다. 반대론자가 두 명이라면, 의장이 한 명을 담당하고 파트너가 나머지 한 명을 맡아야 한다. 만약 그들이 자리를 옮겨달라고 요청하면 어떻게 해야 하는가? 물론 옮길 수 있다. 하지만 자리를 옮기더라도 같은 쪽으로 옮기도록 해야 하며, 두 사람이 같이 앉아도 상관없다. 회의를 할 때 반대 의견은 한쪽 줄에서만 나오기 때문에 그들의 의견은 편견이 되어버린다.

원형 회의 탁자

회의 탁자가 원형 탁자이고, 당신이 의장이라면 파트너와 조화를 이루어야 한다. 일반적으로 파트너가 한 명이라면 의장은 당연히 파트너 맞은편에 앉아야 한다(그림 5-4).

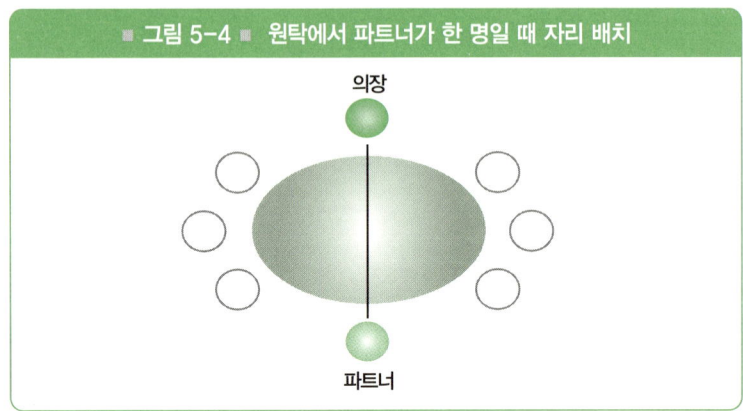

■ 그림 5-4 ■ 원탁에서 파트너가 한 명일 때 자리 배치

의장

파트너

파트너가 두 명이라면, 삼각형을 갖추어 앉아야 한다(그림 5-5).

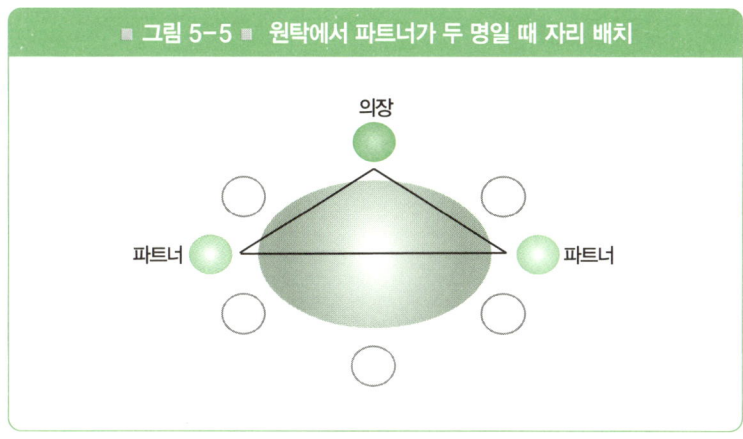

■ 그림 5-5 ■ 원탁에서 파트너가 두 명일 때 자리 배치

파트너가 세 명이라면, 아래와 같이 마름모를 만들어 앉아야 한다(그림 5-6).

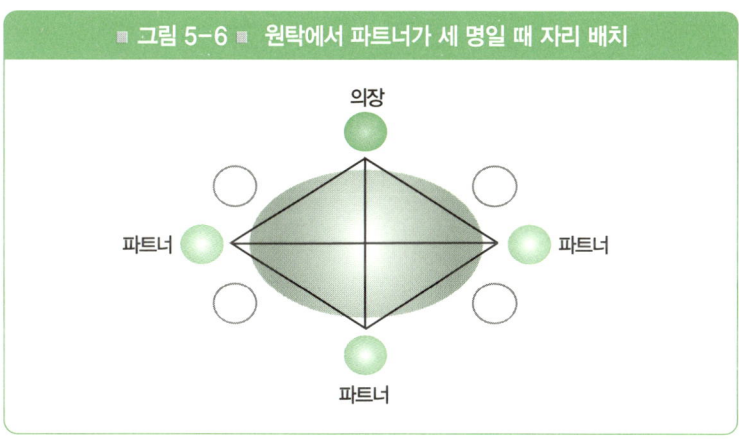

■ 그림 5-6 ■ 원탁에서 파트너가 세 명일 때 자리 배치

만약 모두가 당신의 파트너라면 그냥 편하게 앉으면 된다. 하지만 원탁회의에서 반대론자가 있다면 어떻게 배치해야 할까? 그를

당신 옆에 두고 관리해야 한다.

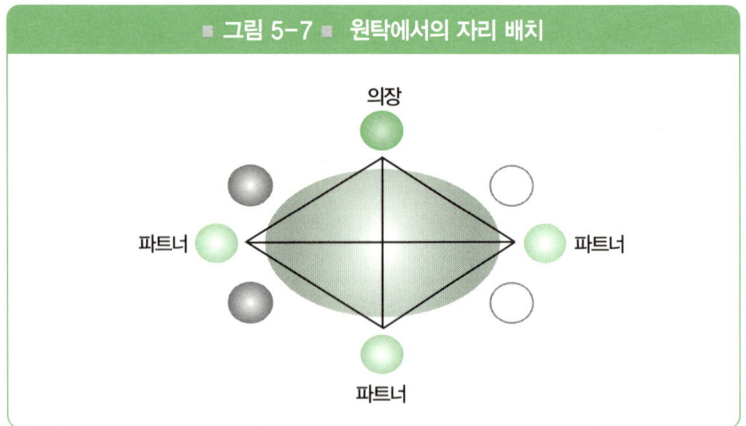

■ 그림 5-7 ■ 원탁에서의 자리 배치

의장

파트너

파트너

파트너

2 반대론자에 대한 대응책

반대 의견이 한쪽에서 나온다면 두려워할 것이 없지만, 여기저기서 계속 나온다면 상당히 곤란할 것이다. 이런 경우 의장은 어떻게 대응해야 할까?

사전에 회의 참석자를 파악해서 자리 배치를 하라

당신이 오늘 회의를 이끌 의장이라면, 우선 비서에게 회의 참석자가 누구인지를 알려달라고 해야 한다. 모든 사람이 회의에 신경을 쓰고 있다고 생각하지 마라. 대부분의 사람들은 그렇게 개의치 않는다. 예전에 본사가 타이베이에 있고, 지사가 가오슝에 있는 회사에서 강의를 한 적이 있었다. 먼저 지사에서 강의를 하고, 나중에 본사에서 강의를 했다.

본사에서 강의를 할 때, 부사장이 말했다. "지사에서 하신 강의 덕분에 많은 도움이 되고 있습니다." 나는 "어떤 부분이 도움이 되셨는지요?"라고 물었다. 그는 "예전에 제가 지사에서 회의를 할 때에는 비서가 회의 참석자 명단을 알려준 적이 없었는데, 이번에 갔더니 뜻밖에도 회의 참석자 명단뿐만 아니라 자리 배치까지도 알려주었습니다. 방금 강의를 듣고 보니 모든 것이 교수님의 가르침이었다는 것을 알았습니다"라고 대답했다.

회의장으로 들어가기 전에 어떤 사람들이 참석하는지도 모른다면 당신은 회의에서 수동적이 될 수밖에 없다.

먼저 선수를 쳐서 발언권을 제압하라

당신이 의장으로 오늘 회의를 주재하게 되었는데, 회의에 들어오자마자 이렇게 말한다. "여러분, 오늘 저는 회사의 정책 한 가지를 알려드리고, 그것에 관해 토론을 하고자 합니다. 모두들 서로 의견을 교환해주십시오. 저도 여러분의 생각을 알고 싶습니다. 김 과장과 이 과장은 반대 의견을 주장하는 것으로 알고 있습니다. 하지만 다른 동료들은 어떤 의견을 갖고 있는지 저쪽부터 들어보겠습니다." 이런 식으로 두 사람의 입을 막아버리는 것을 "선수를 친다"라고 한다.

고의로 회의 시간을 늘려라

한 가지 묘안을 더 알려주겠다. 회의를 하다 보면 말이 많은 사람 때문에 회의가 길어지는 경우가 있다. 회의 종료 시간인 5시가 다 되어가는데 아직 회의를 마치지 못했다면 어떻게 할까?

다음과 같이 말할 수 있다. "여러분, 이왕 모두들 이렇게 관심을 보이니, 오늘 밤을 새워서라도 회의를 마칩시다. 곧 식사가 들어올 텐데, 모두들 밥을 먹고 계속 회의를 하는 것이 어떻습니까?" 당신의 말이 끝나고 두세 시간이면 회의가 끝날 것이다. 왜냐하면 모두들 "이러다가 오늘 집에 못 들어가겠군. 그럼 빨리 회의를 끝내야겠어"라고 생각하게 되기 때문이다.

반드시 회의 시간을 지켜라

당신이 회의 시간을 지켜야 다른 사람들도 시간을 지킬 것이다. 당신이 의장인데 매번 시간을 지키지 않거나 다른 사람들을 기다리게 한다면, 나중에는 계속해서 지각하는 사람이 생긴다. 어차피 시간에 맞춰 가봐야 기다려야 할 게 뻔하기 때문이다.

회의 시간이 되면 즉시 회의실 문을 잠그고 모두에게 다음과 같이 말하라. "여러분, 정시에 회의를 시작하겠습니다. 장 부장님은 아직 부서 회의를 하고 있어서, 오늘 좀 늦겠다고 했습니다. 그래서 부장님 자리는 뒤에 배치해두었습니다. 지금부터 회의를 시작하겠습니다."

우선 누가 회의에 늦게 들어오는지를 설명하면 그 사람이 나중에 들어오더라도 모두들 미리 알고 있었기 때문에 계속 회의를 진행할 수 있을 것이다. 만약 설명을 하지 않은 상태에서 그가 갑자기 문을 열고 들어오면 모두의 시선이 그쪽으로 쏠려 회의 분위기가 끊어져버릴 것이다. 다시 사람들의 주의를 집중시키려면 그만큼 시간을 허비해야 한다.

일반적으로 정해진 시간에 시작한다는 것은 모두가 조금 일찍 오라는 말이다. 특히 의장은 조금 일찍 오는 것이 좋다. 왜냐하면 문 입구에서 다른 사람을 맞는 것이 "여기는 내 땅이고, 모두들 참석해주어서 감사합니다"라는 표시를 하는 것이기 때문이다. 앞에서도 언급했지만, 의장은 감사하다는 말은 할 수 있지만 죄송하다는 말을 해서는 안 된다.

사례

한번은 난징에 수업을 하러 갔을 때였다. 원래는 오전 9시부터 10시까지 수업을 하고 10분간 쉬지만, 그날은 2분 늦게 마쳤다. 그래서 수업을 마치면서 "여러분, 지금이 10시 2분이니, 10분 쉬고 10시 12분까지 돌아오세요"라고 말했다.

막 수업을 마치자 난징에 있는 한 회사의 사장이 말했다. "선생님도 이 방법을 쓰는군요? 저도 이 방법을 쓴 적이 있습니다."

나는 말했다. "저는 웃자고 한 겁니다. 단지 10분을 쉰다고만 했는데, 무슨 말씀을 하시는지요?"

그러자 그가 설명했다. "제가 회의할 때 부하직원들이 항상 지각을 해서 이 방법을 사용했습니다. 예를 들어, 회의 시간을 통지해줄 때에 오전 9시 2분에 시작한다고 알려주고는, 저는 8시 55분에 회의장에 도착해서, 9시 2분이 되는 즉시 회의장 문을 닫아버립니다. 보통 몇몇은 늦게 마련이라 그들을 나무라는 대신 비서에게 이렇게 말하라고 시킵니다. '사장님은 여러분들이 회의에 늦는 이유가 분명히 낮에 회의를 하느라 바쁘기 때문이니 지금 들어올 필요가 없고, 저녁 9시 2분에 다시 오라고 하셨습니다.' 저녁 9시 2분에 다시 그들과 함께 회의를 열어, 다음 날 오전 9시 2분이 되어서야 집에 보내줍니다. 한 번 이렇게 한 이후로는 감히 지각하는 사람이 없습니다."

위의 사례를 보면 고전적인 방법도 효과가 있는 것 같다.

반드시 회의의
의사 일정이 있어야 한다

회의를 할 때는 반드시 의사 일정이 있어야 한다. 어떤 사람은 회의 통지서를 보내면서 "의사 일정 없음"이라 적어 보냈다. 그렇다면 군이 왜 회의에 가겠는가? 최소한 무엇을 토론할 것인지는 알려주어야 한다. 그러므로 회의 의사 일정은 있어도 되고 없어도 되는 것이 아니라, 반드시 필요한 것이다. 회의에 참석하는 사람들에게 이번 회의의 의제가 무엇인지를 알려주어야 미리 준비를 해오고, 회의도 순조롭게 진행된다.

회의 의사 일정이 없으면 간혹 이런 일이 발생한다. 예를 들어, 회의 중에 총무부장이 "우리 회사 창립 기념일에 약간의 행사를 준비하려고 합니다"라고 하면, 불만을 품은 다른 부서장이 총무부장에게 직접 질문하고, 총무부장도 직접 대답을 할 것이다. 두 사람이 이렇게 주거니받거니 하면서 두 사람의 회의가 되어버린다.

그러므로 의장은 다른 부서장이 총무부장에게 질문하려 한다면 반드시 의장을 통해 질문을 하도록 해야 한다. 총무부도 의장의 허락을 받아서 대답할 수 있도록 해야 한다. 왜냐하면 의장이 전체 회의의 기본적인 흐름을 장악해야 하기 때문이다.

적절한 시간을 선택하여 회의를 열어라

당신이 회의의 의장이라면 어느 시간을 선택하여 회의를 열겠는가? 한 가지 예를 들어보겠다.

사례

미국 뉴욕 타임스에서 파업이 일어나 노사협상이 진행된 적이 있다. 첫 협상 시간을 정하면서 사측은 "당신들 노조 측은 저녁에 출근하니까 저녁에 협상을 하도록 합시다"라고 말했다. 그래서 첫 번째 협상 시간은 밤 12시로 정했다. 사측은 저녁 협상을 위해 낮에는 잠을 푹 자둔 덕분에 정신도 맑고 눈도 초롱초롱했다. 하지만 노조 측은 신문인쇄를 끝내느라 바빴기 때문에 완전히 녹초가 되어 협상에 임했다. 그래서 제1라운드에서 사측은 노조 측의 요구를 단번에 거절했다.

두 번째 협상 날짜를 정할 때 노조에서는 "다음 협상 시간은 우리가 정하겠습니다. 월요일 아침에 다시 협상합시다"라고 했다. 알다시피 월요일 아침에는 크고 작은 회의들이 기다리고 있다. 회의가 막 시작되자 비서가 들어와서는 어느 중요한 손님이 방문했고, 어떤 전화가 왔다고 이야기하는 바람에 협상에 집중하기가 어려웠다. 그래서 제2라운드에서는 노조 측의 목소리가 우세했다.

세 번째 협상 시간은 노사 양측이 함께 결정했다. "우리 이렇게 하지 말고, 적당한 시간을 택해 모두 같이 토론하는 게 어떻습니까?" 이렇게 해서 모두가 받아들일 수 있는 시간을 찾았고 협상 결과도 비교적 공평했다.

회의 시각을 정하는 것은 매우 중요한 문제다. 나는 너무 오래 회의를 하고 싶지 않을 때는 저녁이나 오전 11시 정도의 식사시간 무렵을 택한다. 하지만 외국인들의 시간 개념은 조금 다르므로, 외국인과 회의를 할 때는 시간 선택에 주의해야 한다.

협상을 잘하는 사람이라면 외국인과의 회의 시간에 특히 주의한다. 8개국 정상회담 같은 국제회의의 개막 시간은 일반적으로 오후나 저녁으로 정한다. 그러나 중국인들은 대부분 이 시간에 회의를 하지 않는다. 제네바에서 있었던 국제 정상회의 역시 항상 저녁 10시에 열렸다. 낮 회의에서 의견 일치를 보지 못하면 저녁에 다시 회의를 한다. 한마디로 말하면 외국인은 언제라도 회의를 할 수 있다. 나 역시 그런 경험을 한 적이 있다.

사례

1987년의 일이었다. 그 당시 나는 둥우 대학의 부교수였고, 그 미국인은 코네티컷 주의 어느 대학 상과대학의 부학장이었다. 우리는 공동으로 어떤 회의를 주관하기로 했고, 나와 그 미국인은 대표로서 이번 회의의 경비 지원을 누가 할 것인가를 두고서 협상을 했다.

그는 "나더러 미국에서 타이완으로 날아와서 협의하라는 것은 도리에 어긋나고, 당신을 미국으로 부르는 것도 역시 도리가 아닌 듯하니, 일본에서 만나 협상하는 것이 어떨까요?"라고 말했다.

내가 "그건 더욱 도리에 어긋납니다"라고 대답했다.

그는 "그럼 우리 중간에서 만나 협상합시다"라고 말했다.

그래서 우리는 하와이에서 만나기로 약속했다. 우리는 하와이 대학교 동서문화센터에 숙소를 정했으며, 나는 11시에 그곳에 도착했다. 그는 나에게 "좀 주무시겠습니까?"라고 물었다.

나는 "비행기에서 이미 잤기 때문에 괜찮습니다"라고 대답했다.

그는 또 "식사는 하셔야죠?"라고 물어보았다.

나는 "기내식을 먹어서 아직 배가 고프지 않습니다"라고 대답했다.

그러자 그는 "배도 고프지 않고 잠도 잤다고 하니 협상을 시작합시다"라고 했다.

그리하여 우리는 하와이 대학교의 한 연구실을 빌려 협상에 들어갔다. 오전 11시에 협상이 시작되어 연구실을 나올 때는 오후 5시였다.

우리라면 아마 11시에 막 숙소에 도착한 손님한테 바로 협상하자고 말하지는 않았을 것이다. 보통은 "먼저 휴식을 취하시고, 제가 오후 2시에 차로 모시러 오겠습니다"라고 말할 것이다. 우리는 그것이 정상적이라고 생각하지만, 미국인은 그렇게 여기지 않았다.

오전 11시부터 오후 5시까지 먹은 것이라곤 자동판매기에서 뽑은 콜라 한 캔이 전부였다. 우리의 협상은 그렇게 춥고 배고픈 가운데 진행되었다. 그 미국인이 이런 방법을 쓰리라고는 생각도 못했다.

이제 당신은 외국인의 회의에 대한 시간 개념이 다르다는 것을 알았을 것이다. 그들은 새벽 5시, 오전 11시, 저녁 10시, 심지어는 새벽 한두 시에도 회의를 한다. 외교관들이 쓴 회고록을 보면 심야 한두 시에도 빌딩에서 왔다 갔다 하며 각종 협상을 했다는 말이 나온다. 그러므로 대내 협상이건 대외 협상이건 체력이 매우 중요하다.

3 회의에서 자신의 의견 '세일즈'하기

어떤 사람은 이렇게 말한다. "선생님께서 방금 가르쳐주신 것은 의장으로서 어떻게 해야 한다는 것이었습니다. 하지만 제가 의장이 아니라 회의에 참석하는 사람이라면 어떻게 제 의견을 '세일즈'할 수 있습니까?"

회의에 참석한 사람이 자신의 의견을 성공적으로 세일즈하려면 다음 몇 가지 사항을 지켜야 한다.

철저히 준비하라

어떤 회의를 하든지 우리는 미리 철저히 준비해야 한다. 회사 내부 회의라면 참석할지 말아야 할지, 내가 제기한 안건이 회사에 어떤 좋은 점이 있는지, 다른 부서가 어떤 손실을 입지는 않을지, 어떤 데이터로 나의 주장을 뒷받침할 것인지 등을 고려해야 한다.

회의 전에 소통하라

회의 준비가 끝났으면 사전에 소통을 해야 하는데, 즉 "고의로 넌지시 알려주는 것"이다. 회의 전에 다른 사람과 소통하여 그들이 어떤 문제에 대해 어떤 의견이나 견해가 있는지 살펴보고, 그렇게 함으로써 자신의 의견을 세일즈할 때 중점을 두는 부분이 있어야 한다.

어떻게 하면 당신의 안건이 채택될지 고민하라

의장이 당신의 제안을 회의 의사 일정에 넣을 수 있도록 대책을 강구하는 것은 아주 중요하다. 그러기 위해서는 우선 의장의 논리를 따라서 생각해야 한다.

내가 오늘 의장이라면, 이번 회의에서는 안팎의 사정을 내가 모두 통제하고 싶어하고 뜻밖의 일이 발생하는 것을 원하지 않을 것이다. 그런데 당신이 갑자기 의장인 내가 모르는 일을 거론하면서 "의장님, 임시 안건이 있습니다"라고 제안한다면, 나는 본능적으로 당신을 막을 것이다. 왜냐하면 당신이 무슨 말을 했을 때, 내가 통제할 방법이 없을까 두렵기 때문이다. 나는 당신에게 정중히 "오늘 우리 의사 일정은 모두 정해졌습니다. 다음에 다시 이야기합시다"라고 말할 것이다. 비록 당신은 나와 충돌할 의사가 없더라도, 나는 자세히 들어보지도 않고 당신을 막을 것이다.

그러므로 다른 사람과 이야기를 할 때는 사전에 미리 대책을 세워서 의장에게 영향을 줄 수 있어야 한다. 당신이 의장과 맞서려고 하는 것이 아닌 이상 뜻밖의 행동을 해서는 안 된다.

적절한 시기에 제안하라

안건을 제출하는 시기가 적절한지 살펴보아야 한다. 예를 들어, 친구 몇 명에게 "오늘 회의에서 안건을 하나 낼까 하는데 어떻게 생각해?"라고 물으면, 그는 사장의 모친이 병이 나서 기분이 좋지 않다거나 최근 회사 주식이 크게 떨어져 제안 시기가 아니라고 말할 수도 있다. 반면 사장의 모친이 팔순이어서 회사 분위기가 기쁨에 넘칠 때 그 기회를 틈타 제안을 한다면 비교적 쉽게 통과될 것이다.

공격을 받아들일 수 있는 파트너에게 먼저 설명하라

내가 어떤 안건을 제출한다면 어떤 사람들이 타격을 받게 될 것인지를 분명히 알아야 한다. 예를 들어 나는 김 과장에게 이렇게 말할 수 있다. "미안하지만 오늘 오후에 내가 안건을 하나 제출하려고 하는데, 아마도 자네 부서가 타격을 조금 받게 될 거야. 하지만 안심해. 후속 대처 방안을 마련해두었기 때문에 결과적으로는 아무런 영향이 없을 거야."

그러므로 반드시 사전에 그들에게 알려주어야 한다. 그렇지 않고 불쑥 그런 방안을 제기하면, 동료는 "왜 나에게 먼저 알려주지 않았지? 난 손을 쓸 수도 없게 되어버렸어"라며 화를 낼 것이다. 한번 돌아선 동료와의 관계는 돌이키기가 어렵다. 그러므로 동료가 찬성하지는 않더라도 반대하기를 바라지 않는다면 그가 중립적 입장을 견지하도록 해야 한다.

화력을 집중하라

종종 사람들은 협상에서 이런 실수를 저지른다. 예를 들어 나는 A, B, C를 원하는 것처럼 말하지만, 사실 정말 원하는 것은 A이고 B와 C는 들러리다. 협상을 할 때, 상대방에게 이렇게 말한다. "제가 양보를 해서 B와 C는 포기하고, 단지 A만 가져가겠습니다." 세 개를 원했지만 하나만 얻었기 때문에 많이 양보한 것처럼 보인다.

정상적인 상황은 이렇지만, 당신의 파트너와 사전에 소통이 없다면, 돕는다는 것이 오히려 방해가 된다. 당신은 이쪽을 공격하는 척하면서 저쪽을 공격하는 전술을 사용해서 B와 C를 원하는 척했지만 사실은 단지 A만을 원했다. 하지만 당신의 파트너에게 확실하게 설명하지 않았기 때문에 그도 다른 사람들처럼 속을 수 있다. 결국 당신은 A와 B는 얻지 못하고 C만 얻어서 매우 화가 났다. 협상 테이블에서 내려온 당신에게 파트너는 "괜찮아. 아무튼 C를 얻었으니, 모두 잃은 것은 아니잖아"라고 말한다. 당신은 더욱 화를 내며 "내가 원하는 것은 C가 아니야. 그건 일부러 그런 것이고, 내가 정말 원한 것은 A였어"라고 말한다. 그는 억울하다고 생각하면서 "그럼 왜 진작 말하지 않았어?"라고 할 것이다. 그러므로 이런 일이 발생하는 것을 막기 위해서는 "나는 A를 원한다"라는 초점을 정해서 화력을 분산시키지 말고 한곳에 집중해야 한다.

먼저 발언해서 토론을 이끌어라

당신은 회의에 앞서 많은 기초 작업을 해놓았고 넌지시 소문도 내고 상대를 정탐도 해보았다. 그래서 모두들 당신이 제안할 것을 안다. 오늘 회의 때 의장이 "제안 있습니까?"라고 물어보면, 당신이 먼저 "있습니다! 제가 먼저 말해보겠습니다"라고 해야 한다.

어떤 사람들은 먼저 나서기 부끄러워서 굳이 두 번째로 이야기하려고 한다. 하지만 앞에서 그렇게 많은 기초 작업을 해놓고도 말하지 않고 다른 사람이 먼저 말하도록 한다면, 화제가 순식간에 초점을 벗어나게 된다. 어떤 경우 다시 되돌리기 어려울 수도 있다. 뿐만 아니라 다른 사람이 회의를 마칠 때까지 이야기하게 되면 당신은 안건을 제기하지도 못하고 끝날 수 있다. 그러므로 먼저 발언해서 토론을 이끌어 나가야 한다.

바로 주제를 파고들고 서론은 짧게 하라

발언을 할 때는 바로 주제로 파고들어야 한다. 서론은 짧게 하거나 생략하는 것이 좋다. 당신이 무엇을 이야기하려고 하는지 모두가 알기 때문에 일어서서 다음과 같이 이야기하면 된다. "이 일에 대해 제가 한 가지 건의를 하겠습니다. 제가 생각하기에는 우리 회사는 당연히 어떠어떠해야 합니다."

하지만 이렇게 말해서는 안 된다. "동료 여러분, 이 일은 15년 전 우리 회사가 막 설립됐을 때로 거슬러 올라가서 이야기해야 합니다. 그 당시의 경제 상황은 어떠어떠했습니다. 사장님이 손발이 닳도록 갖은 고생을 하며 창립을 했고, 한길을 걸어와서 지금은 이러이러합니다."

이렇게 구구절절 이야기를 한다면 어느 누가 시간이 남아돌아서 들어주겠는가? 모두가 알고 있는 일은 당신이 굳이 말할 필요가 없으며, 바로 주제로 들어가서 중점을 말해야 한다.

상대방의 체면을 지켜주어라

모든 협상에서 분명히 누군가는 상처를 입을 것이다. 당신이 누군가를 공격해야 한다면 반드시 그의 체면을 세워주고 변명거리를 찾아주어야 한다. 이것이 바로 상대방이 빠져나올 길을 만들어주는 것이다. 그렇게 해야만 이후에도 좋은 관계로 만날 수 있다.

너무 욕심내지 마라

때론 전부를 다 얻으려고 끝까지 쫓아가지 말고 일부를 얻는 것

으로 만족해야 한다. 예를 들어 내가 무엇을 팔 때, 당신에게 100
원을 달라고 하지만 당신이 70원을 부르면, 그냥 70원을 받아도
된다. 내가 반드시 100원을 받아야 하는 것은 아니다. 그런데 욕심
에 빠지면 그 안에서 헤어나오지 못하는 사람들이 있다.

사례

한번은 내 학생이 석사논문 구술시험에 참가했다. 몇 명의 면
접관이 자리했다.

학생이 앉은 후에 한 면접관이 질문을 했는데, 서로 자신의 의
견을 굽히지 않아 한참을 언쟁하고도 끝내 결론이 나지 않았다.

그러자 그 면접관이 말했다. "그만하죠. 학생은 나를 설득시
킬 수 없고, 나도 학생을 설득시킬 수 없으니 우리 서로 다른 의
견을 고수하도록 내버려두는 것이 좋겠어요. 그럼 두 번째 질문
하겠습니다."

하지만 학생은 계속 말을 듣지 않았다. "면접관님, 내버려두
는 것이 아니라 사실 이 문제는 선생님이 틀렸습니다. 당연히 이
러이러한 것입니다."

그 면접관은 어쩔 수 없이 말했다. "나는 논쟁하고 싶지 않아
요. 학생은 더 논쟁을 하고 싶은가요? 별 의미가 없잖습니까?"

물론 그 학생은 시험에 통과하여 석사학위를 취득했지만 그
것을 지켜보는 동안 내 온몸에는 식은땀이 났다.

나는 학생에게 물었다. "자네 방금 전에 어떻게 된 일인가?

면접관은 자네와 논쟁을 하지 않으려 하는데도, 자네는 왜 계속 화제를 바꾸지 않았나?"

학생이 말했다. "선생님, 저도 잘 모르겠습니다. 그 순간에는 저도 거기에 빠져서 헤어나올 수가 없었습니다."

그러므로 우리는 협상을 할 때, "이야기는 그럭저럭 된 것 같네요. 그만하면 됐어요"라고 일깨워주는 사람이 있어야 한다.

만약 회의에서 당신의 의견을 세일즈하고 싶다면 충분한 준비를 해야 한다. 하지만 사람들은 종종 일부 작업을 소홀히 하는 경우가 있다. 예를 들어 그들은 집에만 앉아서 준비를 하고 밖으로 나가서 소개하는 등의 기초 작업은 하지 않을 수도 있다. 혹은 파트너와 소통이 없거나 한 번에 너무 많은 의제를 잡을 수도 있다. 결국 당신은 각 방면에 최선을 다해야만 당신의 의견을 세일즈할 수 있을 것이다.

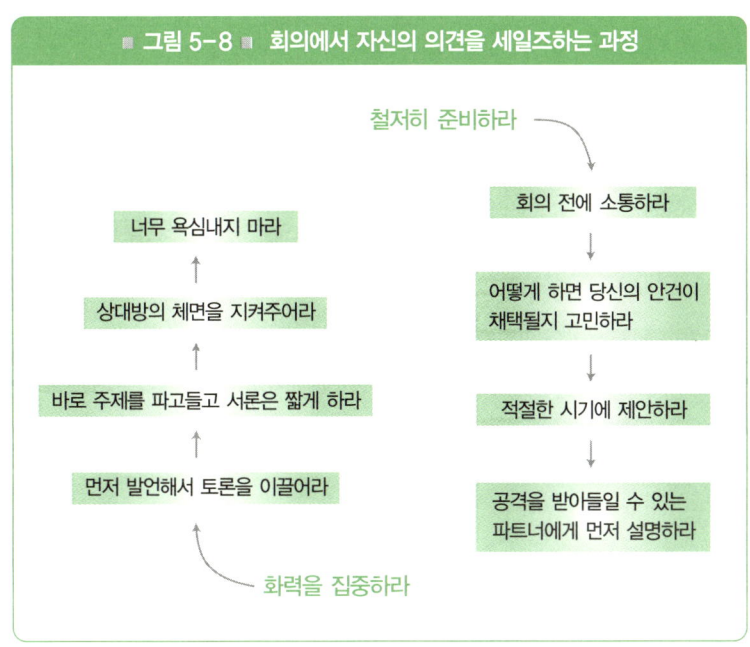

■ 그림 5-8 ■ 회의에서 자신의 의견을 세일즈하는 과정

철저히 준비하라

너무 욕심내지 마라

상대방의 체면을 지켜주어라

바로 주제를 파고들고 서론은 짧게 하라

먼저 발언해서 토론을 이끌어라

회의 전에 소통하라

어떻게 하면 당신의 안건이 채택될지 고민하라

적절한 시기에 제안하라

공격을 받아들일 수 있는 파트너에게 먼저 설명하라

화력을 집중하라

6

조정자의 묘책

COMMUNICATION

1 다른 부서가 협조하지 않을 경우 대처법

회의에서 당신의 의견을 개진하는 데 성공했고, 사람들도 당신의 의견에 동의했지만 상대방이 협조하지 않으면 어떻게 하겠는가? 동의한 후에도 상대방이 당신을 무시할 경우, 당신도 대처할 방법을 강구해야 한다.

상사를 찾아가 협조를 구하라

이러한 상황이 발생했을 때 당신은 직접 상사에게 협조를 구할 수 있다. 그러나 상사에게 협조를 구하

려면 반드시 외부 힘의 지렛대가 있어야 한다. 한 가지 예를 들어
보자.

사례

1998년, 나는 한 신문사의 국제뉴스센터 주임직을 겸임했다.
그 신문사는 초창기에 외국 통신사 설비를 받아들여 시설이 좀
떨어졌지만, 다른 일부 신문사는 이미 컴퓨터를 사용하기 시작
해서 설비가 아주 좋았다. 컴퓨터 소프트웨어를 직접 워크스테
이션에 넣어 검색하고 저장할 수 있었으며 속도도 빨랐다.

하루는 편집장이 나에게 말했다. "다른 신문사나 라디오 방송
국, 텔레비전 방송국에 가서 그들이 어느 회사의 설비를 사용하
는지 알아봐줄 수 있습니까? 우리도 빨리 따라 잡아야죠."

나는 몇 군데 관련 회사를 방문한 후 그들이 모두 한 회사가
만든 소프트웨어를 사용하고 있으며, 하나의 본체에서 10여 개
의 워크스테이션을 끌어낼 수 있다는 사실을 알게 되었다.

그 소프트웨어를 개발하는 회사는 한 군데뿐이었다. 그래서
나는 우리 신문사에도 이 회사의 소프트웨어를 사용해야 한다고
말했다.

여기까지의 상황에서 내가 잘못한 부분은 무엇이라고 생각하
는가?

나는 컴퓨터 관련 일은 전산부서의 일이지 내 일이 아니라는 것을 간과하고 있었다. 내가 컴퓨터 관련 일을 기획하자 전산처장이 협력업체 사람을 데리고 나를 찾아왔다. "국제뉴스센터에 이런 요구 사항이 있는지 몰랐습니다. 우리 회사는 줄곧 이 컴퓨터 회사와 거래를 해왔습니다. 이 사람이 바로 그 회사의 책임자입니다." 그 사람은 내게 명함을 건네주며 말했다. "앞으로도 계속 협력관계를 유지할 수 있겠죠? 지금 필요로 하시는 소프트웨어나 설비는 저희 회사가 지금 당장이라도 개발할 수 있습니다. 그렇게 하시는 것이 어떻습니까?" 나는 말했다. "다른 회사의 소프트웨어는 당장이라도 사용할 수 있는데, 우리더러 당신들이 소프트웨어를 개발할 때까지 기다려달라고요? 저로서도 어쩔 수 없습니다."

우리는 주문한 기계가 도착하자마자 바로 라인을 설치하기 시작했다. 그런데 배선을 밖으로 설치해서는 안 되고 내관 처리를 해야 했다. 그래서 사무실 설계도가 필요했는데 전산실에서 설계도를 내놓지 않았다. 내가 그의 영역을 침범했기 때문이다. 여러 가지 방법을 시도했지만 소용이 없었다. 결국 사장을 찾아가서 공문을 전하기로 했다. 나는 대학교수로서 주임직을 겸직하고 있었기에 사장은 나를 깍듯이 대했다.

그는 "왜 직접 공문을 갖고 오셨습니까?"라고 물었다. 이에 나는 "전산실에서 설계도를 내주지 않으니 어떻게 합니까? 서울 올림픽이 곧 내년에 열리는데 보도 경쟁에서 진다면, 그 책임은 누가 집니까?"라고 말했다. 사장은 상황이 심각하다고 판단하고 설계도를 내주도록 공문에 사인을 했다. 나는 그 공문을 전산실에 보여준

후에야 설계도를 넘겨받고 컴퓨터를 설치할 수 있었다.

그때서야 나는 이 '관료체계'가 무척 복잡하고, 다른 사람의 영역을 침범했다는 사실을 깨달았다.

만약 서울 올림픽을 지렛대로 쓰지 않았다면, 사장에게 협조를 부탁했더라도 도움을 받기 힘들었을 것이다. 그는 아마 이렇게 말했을 것이다. "그럼 직접 가서 얘기해보세요. 그는 말이 잘 통하는 사람입니다. 그에게 잘 설명하면 충분히 이해할 것입니다." 하지만 내가 헛수고를 했을 것은 뻔한 일이다. 이렇게 상부에 협조를 구할지라도 도움을 받지 못할 수 있다. 상사가 당신을 돕길 원한다면 지렛대로 쓸 만한 외부의 힘이 무엇인가를 살펴봐야 한다.

관점을 달리하여
상대방에게 설명하라

가끔 우리의 머리는 융통성 없이 굳어버리거나 쓸데없는 사소한 문제에 매달린다. 이런 경우, 당신은 관점을 달리하여 상대방에게 말할 수 있다. "사실 이 일은 당신이 생각하는 것과 달리 이러이러합니다." 상대방에게 설명을 할 때에는 계층이나 예절, 기한에 주의해야 한다. 상대방으로 하여금 입장을 바꾸어 생각하도록 하고, 다른 사람을 찾아서 천천히 설득한다면 상대방의 마음을 돌릴 수 있다.

계획을 서면으로 제시하여 상대방이 비평하도록 하라

두 부서가 공동으로 프로젝트를 진행하는 일을 앞두고 상대방과 만나 의견을 나누고자 한다. 그런데 상대방이 만나주지 않는다면 어떻게 해야 할까? 정반대의 방법을 쓰면 된다.

사람들은 보통 약속을 하고 만나서 계획을 보여주지만 순서를 달리하는 것이다. 먼저 계획을 보낸 다음 그의 비서에게 전화를 걸어 "책임자분이 제 계획안을 보시고 의견이 어떤지 궁금하군요"라고 물어본다. 비서는 아마도 "아직 계획안을 보지 못하셨습니다"라고 대답할 것이다. 그러면 당신은 "괜찮습니다. 천천히 보십시오. 제가 다음 주 수요일에 다시 전화를 드리겠습니다"라고 말한다.

이와 같이 먼저 계획안을 상대방에게 넘겨준 다음 계속 의견을 물어본다면, 상대방은 당신의 계획안을 보지 않을 수 없게 된다.

사실을 상부에 보고하라

어떤 경우 '조금도 숨김없이' 상부에 사실을 보고할 수 있다. 예를 들어 보고서를 작성해야 하는데 다른 부서들의 데이터를 제공받아야 한다. 그런데 한 부서에서만 자료를 보내주지 않았다. 그 부서의 자료가 없다면, 부족한 데이터 그대로 보고서를 제출하면 된다. 그런 후 상사에게 "그 부서의 자료가 오면 바로 보충하겠습니다"라고 말한다.

　하지만 이런 방식은 상부에 있는 사람이 당신과 좋은 관계가 아니라면, 위험 부담이 있다. 왜냐하면 그 일로 충돌이 생기면 일이 커질 수 있기 때문이다.

다른 곳에서 정보를 찾아라

　　　　　비교적 간단한 방법은 다른 곳에서 정보를 구하는 것이다. 다른 곳에서 당신이 필요한 정보를 얻어낼 수 있다면 먼저 그 데이터를 보충하여 일을 마친 후에 상사에게 보고할 수 있다. 당신은 상사에게 이렇게 말할 수 있다. "이 보고서는 작년의 데이터를 근거로 추산한 것입니다. 만약 그 부서가 우리에게 확실한 데이터를 제공해준다면, 더 정확하게 예측할 수 있었을 것입니다." 적어도 나는 업무를 충실히 했기 때문에 나에게 책임을 전가시켜서는 안 된다는 뜻이다.

　종종 나에게 불만을 토로하는 학생이 있다. "회의가 끝나고 나서 상대방이 나를 무시하는 것을 경험했습니다. 어떻게 합니까?" 사실 이런 상황은 누구에게나 있을 수 있다. 중요한 것은 어떻게 모두가 받아들일 수 있는 방법을 찾느냐 하는 것이다.

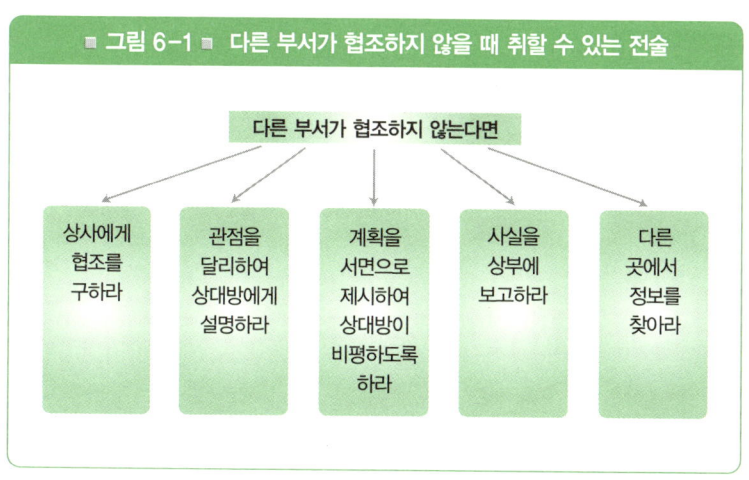

■ 그림 6-1 ■ 다른 부서가 협조하지 않을 때 취할 수 있는 전술

다른 부서가 협조하지 않는다면

상사에게
협조를
구하라

관점을
달리하여
상대방에게
설명하라

계획을
서면으로
제시하여
상대방이
비평하도록
하라

사실을
상부에
보고하라

다른
곳에서
정보를
찾아라

2 충돌의 5가지 심리적 장애 해결

위에서 언급했던 충돌에서 우리가 가정했던 것은 자원과 자리의 문제였다. 그런데 태도의 문제라면 우리는 어떻게 해야 하는가? 태도의 관점에서 분석해보면 우리는 충돌을 해결하기 위한 몇 가지 심리적 장애가 있다는 것을 알아야 하며, 도대체 어디에서 막혀 있는지 살펴보아야 한다.

공평 문제

사람들은 공평함을 매우 중시해서 "적

은 것을 걱정하는 것이 아니라, 고르지 않은 것을 걱정한다." 나쁘게 말하면, 남이 더 잘되는 것을 두고 보지 못한다. 그러나 우리가 중시하는 이러한 공평함은 융통성을 발휘할 수 있는 것이다.

예를 들어 당신이 영화표를 사려고 줄을 서 있는데 어떤 사람이 새치기를 하면 매우 화가 난다. 그래서 이 불공평함에 불만을 갖고 그 사람에게 말한다. "우리는 반나절이나 줄을 서서 기다렸는데, 새치기를 하면 어떡합니까? 당장 나오세요. 새치기하지 말고." 당신은 줄을 서 있는데 누군가가 새치기를 하는 것은 무척 불공평한 일이라고 생각하기 때문이다. 그러나 만약 그가 몸집이 당신보다 세 배나 크고 힘도 무척 세어 보인다면 당신의 말투는 좀 더 부드러울 것이다. "좋습니다. 새치기하는 것까진 좋은데, 꼭 하려거든 앞에 있지 말고 제 뒤에 서세요. 뒤쪽은 나와 관계없지만 앞쪽은 나와 상관이 있으니까요."

그렇다면 우리가 일반적으로 말하는 공평함이란 무엇을 가리키는가? 공평함은 순서와 관계가 있다. 예를 들어 당신이 사장에게 "어떻게 교대를 시키건 상관이 없지만 한 사람마다 한 번씩은 돌아가게 해야 합니다"라고 말한다. 당신은 교대를 했지만 다른 사람은 교대를 하지 않는다면 틀림없이 화가 날 것이다. 다시 말해서, 상사가 시키는 일을 당신이 먼저 할 수는 있지만, 상사는 당신에게 그 일은 모든 사람들이 다 해야 하는 일이라고 알려주어야 공평한 것이다.

세상에 완전하게 공평한 일은 없지만, 공평은 하나의 논쟁점이될 수 있다. 그렇기 때문에 우리는 상대방이 심리적·상대적으로 공평하다고 느끼게 해야 한다.

적대 문제

적대 문제는 사람에 대한 것이다. 협상에서 사람에 대해 적대감이 있으면 매우 곤란하다. 일단 이런 적대감이 깊어지면 종종 제3자가 나서서 수습해야 한다.

인지 문제

인지 문제는 의제(議題)에 관한 것이다. 예를 들면, 상대방은 이 의제가 쌍방의 이익을 실현할 수 있다고 생각하지만, 나는 절대 쌍방의 이익을 실현시킬 수 없다고 생각할 경우 나는 그다지 중요하지도 않은 문제를 끝까지 고집한다. 그렇게 되면 결국에는 전혀 문제가 해결되지 않는다.

양보 문제

상대방에게 양보를 할 때는 보답을 기대하게 마련이다. 거꾸로 보답을 기대할 수 없다면 양보도 없다.

결국 양보와 보답은 상관관계에 있다.

체면 문제

상대방에게 양보를 했는데도 그가 보답을 하지 않으면, 체면이 구겨질 것이다. 상대방의 체면을 세워줘야 다음에 만나기가 편하다는 것을 잊지 말자.

공평, 적대, 인지, 양보, 체면, 이 다섯 가지 심리적 장애는 순서와 사람, 의제, 보답 네 가지 방면에 관한 것이라는 사실을 알았을 것이다. 그리고 이 네 방면은 종종 제3자에 의지하여 수습해야 한다는 사실도 알 수 있다.

■ 그림 6-2 ■ 충돌을 일으키는 5대 심리적 장애 해결

1. 공평 문제 — 순서
2. 적대 문제 — 사람
3. 인지 문제 — 의제
4. 양보 문제 — 보답
5. 체면 문제

3 조정자로서 개입할 때 고려해야 할 문제

당신 밑에 있는 두 부서 간에 충돌이 있다면 어떻게 조정자로서 충돌을 수습하겠는가? 여기서 분명히 알아야 할 점은 책임자가 단지 인정 많고 정의감이 있는 것만으로는 소용없다는 것이다. 당신은 반드시 문제의 매듭을 찾아야 한다. 한 가지 예를 들어보자.

사례

김 대리와 이 대리는 서로 사이가 좋지 않고, 당신이 그들의 책임자라면 어떻게 그들의 충돌을 해결하겠는가? 효과적인 방법이 있다.

당신은 김 대리에게 이렇게 말할 수 있다. "나는 자네가 이 대리와 사이가 좋지 않은 것으로 알았는데, 이 대리가 자네를 칭찬하는 것을 몇 번 들었네. 그가 자네에게 아주 고마워하더군. 자네한테서 많은 것을 배웠다더군."

사람은 누구나 남의 본보기가 되고 싶어하는 심리가 있으므로 이런 말을 들으면 김 대리는 무척 기뻐할 것이다. 물론 겉으로는 내색하지 않겠지만 말이다.

어떤 경우에는 다음과 같은 상황이 있을 수 있다. 충돌이 생기자 처음에는 당신이 양보할 생각이었지만 상대방이 요지부동일 경우다. "가마를 탄 사람은 내려오려고 하지만, 가마를 맨 사람이 내려주지 않는" 경우다. 이럴 때는 어떻게 해야 하는가? 제3자가 개입하여 해결할 수 있으면 가장 좋다. 예를 들어, 박 대리가 중재하러 오면 당신은 곧 아래에 있는 '가마 맨 사람들'에게 이렇게 말할 수 있다. "알겠습니다. 박 대리의 체면을 보아서 제가 양보하겠습니다. 박 대리가 아니었다면 저는 절대 양보하지 않았을 겁니다." 사실은 벌써 양보할 생각이었지만 이렇게 말하는 것이다.

어떤 경우 당신은 문제를 더욱 심각하게 만들어 박 대리가 개입하도록 유도하여 난처함에서 벗어날 수 있다. 그리고 박 대리는 당신이 상대방에게 보답을 요구하는 것을 거들거나 당신이 이러한 상황을 다른 각도에서 볼 수도 있다는 사실을 상대방에게 일러줄 것이다.

그래서 상사는 아랫사람을 중재할 때에는 아랫사람들 간에 어떤 충돌이 있으며, 어디서부터 끊고 들어갈 수 있는지 알아야 한다. 예를 들어, 그들이 다른 두 구역을 책임지고 있는 총무부 책임자라면, 공평에 관련된 문제는 없는지, 적대 문제는 없는지, 어떤 일에 대한 인지의 착오는 없는지, 어느 한쪽이 완전히 궁지에 몰려서 당신더러 나가서 막으라고 하진 않는지, 체면에 관련된 문제는 없는지 등을 파악해야 한다.

이 외에도 책임자가 조정자로서 개입했을 때 몇 가지 고려해야 할 사항이 있다.

출병을 하려면 명분이 필요하다

조정자는 "출병을 하려면 반드시 명분이 필요한데" 충분한 이유를 갖고 개입해야 한다. 우리는 보통 이 점에 관해서는 모두 동의한다.

당신이 책임자이고, 부하직원들 사이에 다툼이 있다면, 당신이 개입해서 중재하는 것은 당연히 정당한 명분이 있다.

당신의 아이가 다투는데, 당신이 개입하여 중재하는 것도 마찬가지로 정당한 명분이 있다. 왜냐하면 당신은 그 아이의 부모이기 때문이다.

당신이 어떤 분야의 전문가이고, 다른 사람들이 전문가의 견해를 듣고 싶어한다면, 그 역시 개입할 만한 정당한 명분이 있는 것이다.

그러므로 회사나 어떤 기관 안에서 "명분을 갖고 개입하는 것" 은 큰 문제가 될 것이 없다. 하지만 옆에 있는 제3자의 경우에는 꼭 그렇지만은 않다. 예를 들어, 퇴근하는 길에 두 명의 택시기사 가 다투고 있는 것을 보았다면, 당신은 차를 세워두고 두 사람을 중재하겠는가? 당신이 인정 많고 정의감이 넘쳐 그들을 중재하려 고 해도 그들은 전혀 고마워하지 않으며 오히려 "당신이 뭔데 참 견이요?" 하고 물을 것이다.

나의 제자였던 여학생도 이와 비슷한 경험담을 말해준 적이 있 다. 어느 날 저녁 아래층에 사는 부부가 심하게 다투는 소리를 들 었다고 한다. 남편이 아내의 옷을 창문 밖으로 던져버리면서 집에 불을 지르겠다고 소리쳤다. 나의 제자는 매우 불안해하며 남편에 게 말했다. "당신이 내려가서 좀 말려보세요." 그래서 그녀의 남 편은 한밤중에 외투를 걸치고 아래층 벨을 눌렀다. 하지만 "우리 부부싸움에 당신이 왜 참견이야? 당신이 뭔데?"라는 질책만 듣고 돌아왔다.

쓸 수 있는 카드가 있어야 한다

설령 당신이 어느 정도 지위가 있더라 도 쓸 수 있는 카드가 있어야 한다. 그렇지 않으면 뭘 믿고 당신 말을 듣겠는가? 회사의 책임자로서 개입할 때에는 쓸 수 있는 카드가 있어야 한다. 당신은 그들에게 다음과 같이 분명히 말해야한다. "당신이 양보한다면 손실 보충을 해드리겠습니다. 하지만내가 아무리 이야기해도 듣지 않는다면, 어떻게든지 당신을 처벌할 것입니다." 그래서 어떤 경우에는 그들이 화해하는 이유가 조정자의 노여움을 살까 봐 두려워서다.

개입 시기를 잘 파악하라

두 사람이 싸울 때 언제 개입하는 것이적절한지 생각해본 적이 있는가? 너무 빨리 개입해도 안 되고, 너무 늦게 개입해도 안 된다. 너무 빨리 개입하면, 모든 사람은 자기가 이길 거라고 생각하기 때문에 당신의 도움이 필요 없다고 생각할 것이다. 너무 늦게 개입하면, 어떤 사람은 이미 치명적인 상태가 되어 역시 당신의 도움이 필요 없게 된다. 그러므로 당신은 개입하기 적당한 시기를 고려해야 한다.

한번은 고등학생 관련 TV프로그램에 초청을 받아 출연했다. 학교에서 일어나는 충돌을 어떻게 해결할 것인가가 토론 주제였다. 스튜디오에는 고등학생들이 방청객으로 참가했고, 내 말이 끝나자 고등학교 1학년 학생이 손을 들어 말했다. "선생님 말씀에 동감하지만, 어떤 때에는 어른들이 싸움에 개입하지 않고 놔두면 다음 날 바로 괜찮아질 것도 어른들이 개입하는 바람에 오히려 싸움이 커지기도 해요. 문제가 더 복잡해지는 거죠."

그러므로 우리는 개입 시기를 잘 파악해야 중재하는 작업을 잘
해낼 수 있을 것이다.

신임을 얻는 것과 순서를
파악하는 것

　　　　　　　양쪽 모두 조정자를 믿고 그의 말을 들
어야 한다. 만약 한쪽이 조정자를 믿지 못하면, 일이 복잡해진다.

예를 들어 당신이 누군가와 싸우다가 나를 불러 중재를 부탁했
다고 하자. 나는 당신에게 "내가 그에게 말해보겠습니다. 당신은
절대 움직여서는 안 됩니다. 내가 책임지고 이 일을 잘 수습하겠
습니다."

그런데 내가 상대방을 찾아갔을 때 그는 벌써 변호사를 선임하
고 기자회견을 여는 등 모든 일이 손쓸 수 없이 커져버렸다. 그러
므로 신임을 얻는 것과 순서를 파악하는 것은 매우 중요하다.

미국의 한 교수가 광업 분야에서 일어난 노사 분규를 해결할
때, 광부들의 신임을 얻고자 오랜 시간을 투자했다. 우선 그들이
당신을 받아들이도록 하려면 갱으로 내려가서 그들이 겪는 모든
과정을 몸소 체험해야 한다. 그런 후 회사 측과 소통해야 한다. 예
를 들어 광부들은 파란색 작업모를 쓰고, 회사 측 간부들은 흰색
작업모를 쓰는데, 조정자에게는 녹색 작업모를 지급해서 그가 조
정자의 신분임을 인정하도록 할 수 있다. 이처럼 제3자는 다른 사

람의 신임을 얻지 못하면 아무런 소용이 없다.

개입 정도를 파악하라

조정은 중재와 다른 것이다. 조정은 과
정을 중시하고, 중재는 결과를 중시한다. 조정은 몇 개의 단계로
나누어지며, 가장 초기 단계는 소식을 전달하는 것이고, 그 다음
은 선택을 제공하고, 한 단계 더 들어가면 선택을 돕는 단계가 된
다. 제일 마지막에 결정을 내리고 결정된 것을 집행하는 것은 조
정 과정에 포함되지 않는다.

나는 충돌의 조정을 중매쟁이가 중매하는 것에 비유한다. 장씨
집 아들이 이씨 집 아가씨를 마음에 들어하면, 이런 소식을 전하
는 것이 바로 중매쟁이의 일이다. 혹은 장씨 집 아들이 장가를 가
고 싶으면, 중매쟁이가 사진 몇 장을 들고 와서 고르도록 하는데,
이것은 바로 선택안을 제공하는 것이다. 그런 후 장씨 집 아들이
어떤 정보를 더 알고 싶어하면, 중매쟁이가 "이 아가씨는 어떤 점
이 어떻게 뛰어나고……"하고 알려준다. 이것이 바로 선택을 돕
는 것이다. 물론 마지막 결정은 장씨 집 아들이 한다. 정책을 집행
하는 것은 바로 결혼이며, 이것 역시 그 스스로 결정하는 것이지,
중매쟁이가 도울 수 있는 것은 아니다.

그러므로 조정한다는 것은 과정을 중시하는 것이지 결과를 중
시하는 것이 아니다.

■ 그림 6-3 ■ 조정자가 개입할 때 고려해야 할 문제

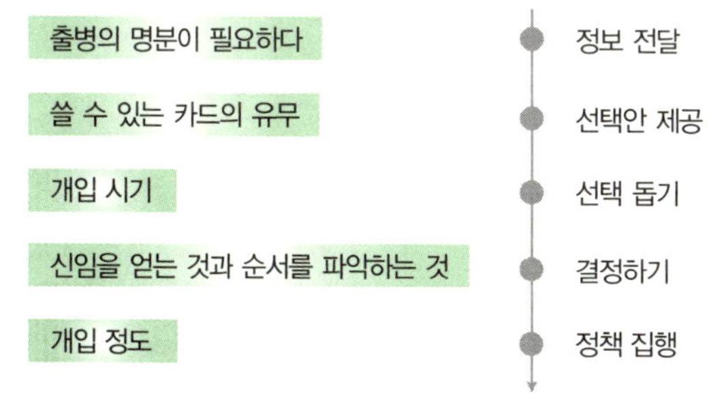

출병의 명분이 필요하다 ● 정보 전달

쓸 수 있는 카드의 유무 ● 선택안 제공

개입 시기 ● 선택 돕기

신임을 얻는 것과 순서를 파악하는 것 ● 결정하기

개입 정도 ● 정책 집행

4 조정의 4가지 테크닉

조정자는 조정의 테크닉에 신경을 써야 한다. 우선 다음 두 가지 문제를 명확히 해야 한다. 조정자가 당사자의 기대에 신경을 쓰고 있는가? 당사자 이익이 어떻게 상충되고 있는가?

당신이 상대방과 충돌할 경우 나는 당신들의 책임자로서 당신들이 잘 지내기를 바랄 것이다. 나는 두 사람이 싸우지만 않는다면 당신들이 어떤 방법을 선택하든 신경 쓰지 않을 것이다. '정전협정'은 A, B, C 세 가지 방안이 있을 수 있지만, 두 사람이 어떤 방법을 사용하는지는 그다지 중요하지 않다. 단지 두 사람이 '정전'의 방향으로 가고 있는가에 신경 쓸 뿐이다. 그래서 조정자가 관심을 갖는 것은 '방향'이지 '방안'이 아니다.

당신이 그 중 한쪽 당사자로서 나한테 달려와 "사장님, 제가 B 방안을 추진할 수 있도록 도와주십시오"라고 말했는데, 내가 어떤 방안을 성사시키기 위해 최선을 다하려고 한다면, 당사자의 기대에 신경을 쓰고 있다고 말할 수 있다.

그러므로 조정자는 당사자와 달리 이론상 방향에만 신경을 쓰지, 방안에는 신경을 쓰지 않는다. 반면 당사자는 방안에 신경을 쓴다.

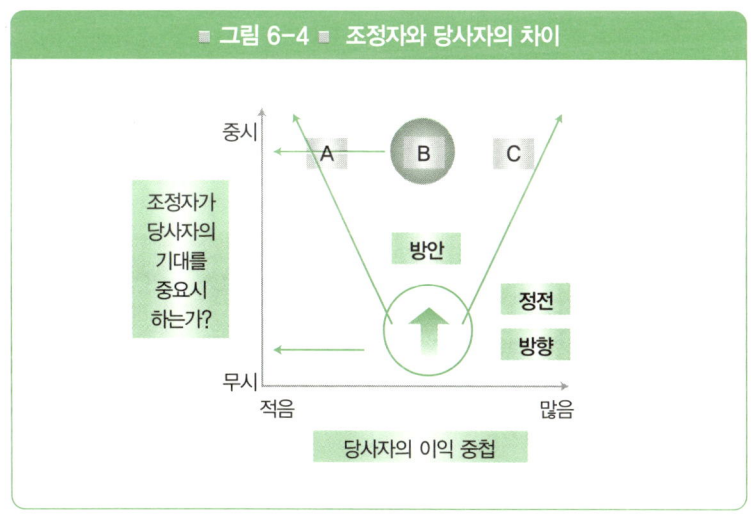

■ 그림 6-4 ■ 조정자와 당사자의 차이

조정자가 최선을 다해 어떤 당사자의 방안이 채택되도록 도와줄 경우 일반적으로 네 가지 방법을 운용할 수 있다.

보상 테크닉

양측의 이익 중첩이 매우 작다는 것을 발견했고, 또한 상대의 어느 한 방안이 달성되기를 원한다면, 아마 보상 테크닉을 사용할 것이다. 무슨 의미인가? 내가 테이블 위에 판돈을 올리는 것이다. 내가 책임자이기 때문에 내 손에는 자원이 있고 그것을 더 추가시키면 된다.

압력 테크닉

내가 어떤 방안에도 신경을 쓰지 않고, 양측의 이익 역시 극히 일부가 상충된다면, 그들에게 압력을 넣어야 한다. 예를 들어 그들에게 "두 사람 모두 쓸데없는 말 그만하고, 돌아가서 어떻게 문제를 해결할지 직접 상의해보세요. 그리고 내일 오후 4시까지 합의서를 갖고 와서 사인하세요. 나는 두 사람이 합의서를 체결하는 데 증인이 되겠습니다." 이렇게 다음 날 오후 4시까지 방안을 들고 와서 내게 보여달라고 말하는 것이 바로 압력 테크닉이다.

조합 테크닉

내가 생각하기에 양측의 이익이 많이 상충된다면, 양측의 방안이 무엇인지에 신경을 쓸 것이다. 그렇다면 판돈을 올릴 필요도 없고, 단지 조합만 해서 양측이 분배하는 것을 도와주면 된다. 종종 사람들은 어떤 물건을 분할이나 교환, 제휴할 수 있다는 것을 모르며, 또한 파이를 크게 만들 수 있다는 것도 전혀 알지 못한다. 그렇다면 어떻게 해야 할지 가르쳐주겠다. 나는 판돈을 올릴 필요도 없이 기술 지도만 하면 된다.

순리에 따르기

양쪽의 이익이 많이 상충된다고 생각하면서도, 방안에 대해서는 신경을 쓰지 않을 수도 있다. 자신들 스스로 해결할 수 있기 때문에 순리에 따르면 된다. 앞에서 소개한 고등학생의 말이 바로 그런 의미다. "어른들이 우리 싸움에 개입하면 오히려 문제가 더 복잡해져요." 이런 경우에는 순리에 따르는 것이 상책이다.

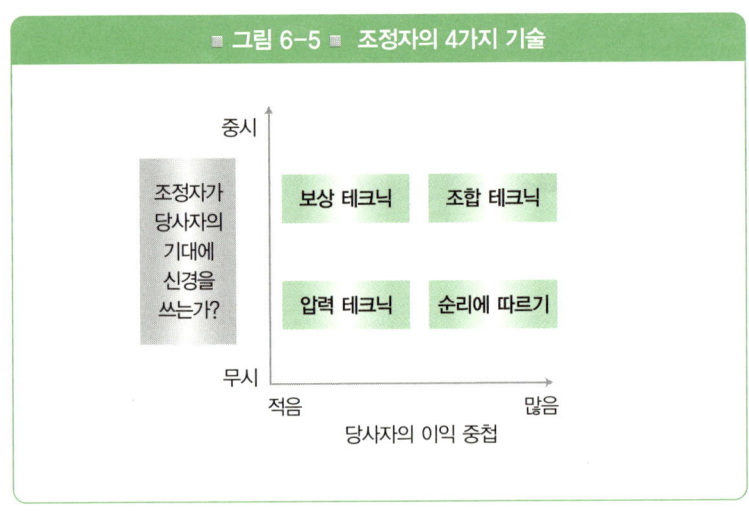

▨ 그림 6-5 ▨ 조정자의 4가지 기술

중시

조정자가
당사자의
기대에
신경을
쓰는가?

보상 테크닉　　조합 테크닉

압력 테크닉　　순리에 따르기

무시

적음　　　　　　　　　　　많음

당사자의 이익 중첩

이렇게 말하는 사람도 있다 "제가 잘못 추측하면 어떻게 합니까?" 만약 잘못 추측했다면 다른 방법으로 바꾸어야 한다. 제3자의 역할이 그렇게 쉬운 것은 아니며, 항상 몇 가지 방법을 사용해 보아야 한다.

5 조정의 오묘한 이치를 파악하라

두 사람 사이에 발생한 충돌의 조정

A와 B 두 사람이 싸웠다 하더라도 그들 중간에는 소통 통로가 있게 마련이다. 하지만 싸움이 너무 심하게 되면 소통 통로조차도 끊어져버린다. 그럼 어떻게 해야 할까? 나는 조정자 C로서 A와 B 사이를 빈번하게 왕래한다. 여기에 비결이 있다. 내가 둘 사이를 왕래할 때 나의 목적은 충돌의 해결에 있지, 녹음기나 앵무새처럼 남의 말을 흉내 내거나 들은 것을 반드시 기록할 필요는 없다는 것이다.

예를 들어 내가 급하게 A를 찾아가면, A는 나에게 말한다. "B에게 가서 그냥 날 죽이라고 하십시오. 난 하나도 무섭지 않습니다." 그래서 B에게 달려가서 "A가 그러는데 당신이 자기를 죽여도 무섭지 않다고 합니다"라고 전한다. 사실 이런 말은 절대 입 밖에 뱉어서는 안 되는 말이다. A가 나더러 B에게 가서 123이라고 말하라고 했지만, 내가 진짜 123이라고 말한다면 B는 화가 나서 펄펄 뛸 것이다. 그러므로 B를 만났을 때 123이라고 그대로 전하는 대신 321이라고 말해야 한다. 나는 집배원이 아니라 문제를 해결해야 하는 사람으로서 문제의 매듭을 찾아야 한다.

A는 왜 양보하지 않는가? A가 양보를 했음에도 B의 반응이 없다면, A는 체면이 구겨지지 않겠는가? 내가 C이고, A에게 이렇게 말한다. "그럼 저에게 말해보세요. 어떤 방안을 사용하고 싶습니까?" A가 나에게 알려주면 나는 바로 B에게 가서 "만약 A가 어떤 양보를 한다면, 당신은 대등한 양보로 응답해줄 수 있습니까?"라고 말한다. 이 말의 오묘한 이치는 어디에 있는가? 그것은 두 개의 방면에서 나타난다.

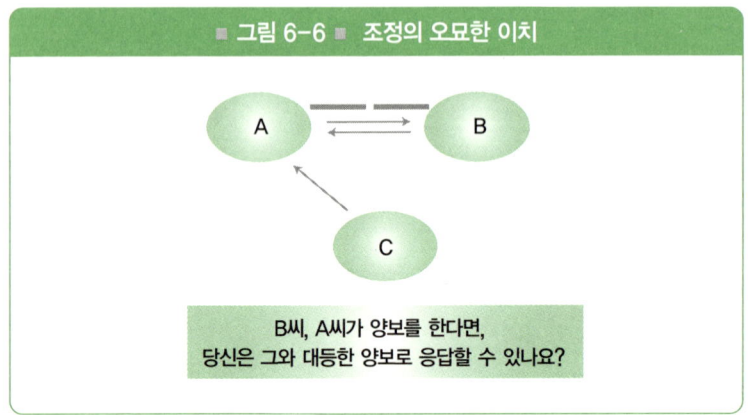

■ 그림 6-6 ■ 조정의 오묘한 이치

B씨, A씨가 양보를 한다면,
당신은 그와 대등한 양보로 응답할 수 있나요?

첫 번째, 우리는 협상을 가르칠 때 거듭하여 '만약'을 강조한다. 대내 협상이든 대외 협상이든 모든 담판에는 '만약'이라는 것이 있다. '만약'이 있기 때문에 우리는 내놓을 수도 있고 얻어갈 수도 있다. "만약 당신이 이렇게 한다면, 나는 이렇게 하겠다"처럼 말이다.

두 번째, 이 의견이 A의 의견인지, B의 의견인지, 혹은 조정자인 나 C의 의견인지 분간하지 못하도록 고의적으로 모호함을 유지한다. 내가 A와 얘기를 하고 나서 B에게 말한다. "A가 어떤 양보를 한다면, 당신도 그에 상응하는 양보로써 응답할 수 있습니까?" 나는 A를 도와서 양보를 이끌어내는 것이다. 만약 B의 반응이 긍정적이라면 나는 "그것은 모두 A의 의견입니다. A는 사실 이 일에 대해 매우 미안하게 생각하고 있습니다. 그래서 이렇게 양보하려는 것입니다"라고 말한다. 만약 B의 반응이 부정적이라면 나는 이렇게 말할 수 있다. "미안합니다. 그것은 모두 제가 멋대로 생각한 것입니다."

모든 영광은 A에게 돌리고 모든 책임은 내가 짊어진다. 조정자는 바로 이러한 마음가짐을 가져야 한다. 그럴 때 비로소 조정자의 역할을 다하는 것이다. 그들은 할 말이 있으면 나한테 할 것이고, 그런 후 내가 다시 가서 말을 전할 것이다. 이때 나는 정말로 말을 전하는 것이 아니라, 문제를 해결하기 위해서 그들의 문제가 어디에 있는지 보는 것이다.

어떤 사람은 "왜 A와 B 두 사람 모두 데려와서 얘기하지 않습니까?"라고 물을 것이다. 그것은 아직 때가 아니기 때문이다. 만약 양쪽 편과 이야기가 비슷하게 진행되면 나는 양측을 모두 데리고 와서 이야기할 수 있다.

다수의 사람 간 충돌의 조정

여러 사람 사이에서 발생한 충돌을 해결하는 데는 하버드 대학의 '단일문건법(單一文件法)'이 유용하다. 그 밖에도 다양한 외교 분쟁에 사용될 수 있다.

예를 들어 A, B, C 삼자 사이에 충돌이 생겼다. 나는 조정자 D로서 A, B, C를 모두 불러 이야기하는 것은 바람직하지 않다. 아마도 순식간에 난장판이 되어 결국 나는 "됐어요, 됐습니다. 모두 일단 돌아가시고, 제가 일을 분명히 파악한 뒤 부르겠습니다. 그때 다시 모여 이야기합시다"라고 말할 것이다.

내가 이러한 문제가 발생한 원인이 제도에 있다는 것을 발견했다고 가정하면, 어떤 식으로든 제도적인 방법을 생각해서 문제를 해결하려고 할 것이다. 예를 들어보겠다. 회사마다 부서 이기주의라는 문제가 있다. 어떤 업무를 둘러싸고 서로 미루면서 아무도 하지 않는다. 이때 우리는 제도상으로 어떻게 업무 분배를 할 수 있는가? 어떤 때에 당신이 해야 하고, 어떤 때에 다른 사람이 해야 하는가? 분할법이 안 되면 교집법을 사용하여 특별한 부서를 만들어 특별한 시기에 특별한 문제를 해결한다.

모두가 싸우고 있을 때는 어떻게 해야 하는가? 하버드 대학이 제안하는 방법은 순수 학술적인 해결 방안을 찾는 것이다. 다시 말하면, 이 방안은 어떠한 부서의 이익이나 권리의 증감을 고려하지 않는다. 방안이 나온 후 A에게 보여주면 A는 거기에다 자기의 의견을 달 것이다. 이렇게 A의 의견을 보충한 다음 B에게 보여준다. B 역시 자기의 의견을 더한다. B의 의견을 더한 방안을 C에게 보여주고, C 또한 자기의 의견을 더한다. 이렇게 C의 의견을 더한 것을 A에게 다시 보여준다. 이러한 과정을 밟다 보면 점차 중요한 것이 드러나고, 모두의 공통된 생각이 뚜렷해진다.

이것은 조개껍데기에서 진주가 나오는 것과 비슷하다. 하나의 핵(核)이 있고, 그것을 한 층씩 덮으면서 마지막에는 한 알의 진주가 만들어진다. 하버드 대학은 이 방법을 'single text', 즉 단일의 문건이라고 부른다. 다시 말하면 당신이 하나의 문건을 가지고 있어야 한다는 것이다. 당신이 의장이라면 내부 협상에서 먼저 기선을 제압하여 일을 하기 전에 소식을 흘려서 모두의 생각을 파악한 후에 하나의 문건을 꺼내서 모두 어떤 의견을 갖고 있는지 보도록 할 수 있다.

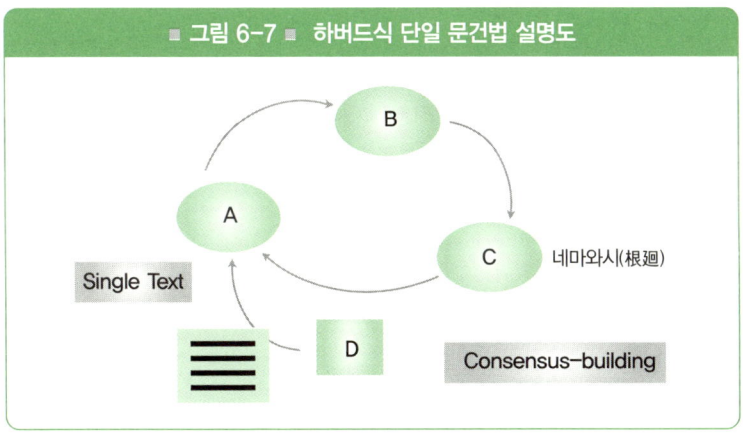

■ 그림 6-7 ■ 하버드식 단일 문건법 설명도

하버드 대학이 처음 이 개념을 소개하자 일본인은 "우리는 벌써부터 알고 있었습니다. 일본에는 네마와시(根廻)라고 부르는 방법이 있습니다"라고 말했다. 네마와시란 무엇인가? 바로 '합의 형성(consensus-building)'으로, 내부 공통의식을 세우는 과정이라는 의미다. 일본에서는 분재를 옮겨 심을 때, 그 뿌리를 진흙으로 잘 싸서 부서지지 않게 한다. 이렇게 진흙을 싸는 과정을 네마와시라고 한다. 이것은 후에 어떤 의미로 발전했을까? 주식회사에서 협상 방안을 제출하려면, 먼저 각 부서 간에 협의하여 공통 인식을 도출한 후에 최종적으로 전체의 의견을 다른 사람에게 보여줄 수 있다. 그러나 각 부서의 소통 과정이 너무 오래 걸린다는 단점이 있다. 그래서 일본 사람과 협상할 때에는 시간이 오래 걸리고, 정책 결정도 매우 느리다. 어떤 경우 이런 현상은 고의적인 것이 아니라, 일본의 문화적 배경에서 빚어진 결과다.

그러나 네마와시가 하버드 대학의 단일 문건법과 다소 차이가 나는 부분은 무엇인가? 일본 사람은 그 과정을 말한 것이고, 하버드 대학은 그 핵심을 강조한 것으로, 구체적인 사례를 가지고 다시 차근차근 토론해보자.

조정 중의
세부적인 문제에 주의하라

종종 이런 질문을 하는 학생이 있다.

"그렇다면 제가 충돌하는 사람 사이를 왔다 갔다 하면서 이야기를 해야 합니까? 아니면 그들을 한자리에 모아서 이야기를 해야 합니까?" 당신은 먼저 빈번하게 왕래하며 그들과 이야기해야 한다. 그들 사이를 어느 정도 오고 갔다고 생각하면, 그들을 당신의 사무실로 불러라.

예를 들어, 당신은 비서에게 "그들에게 4시까지 내 사무실로 오라고 전해주세요"라고 말한다. 4시에 그들이 왔을 때 비서를 시켜 들여보내게 해서는 안 된다. 그들은 상사의 호출을 받고 긴장한 상태일 것이기 때문이다. 당신이 그들을 부른 이유는 문제를 해결하기 위해서다. 따라서 직접 나가서 문을 열고 사무실로 들어오도록 하여 그들을 안심시켜야 한다.

그들이 사무실에 들어와 앉으면 그들의 불만이 얼마나 깊은지를 관찰해보라. 당신은 그들 사이를 이미 여러 차례 오고 가면서 대체적인 상황을 파악한 상태이기 때문에, 그들에게 어떤 문제가 생겼는지에 대해 물어볼 필요는 없다. 당신은 "이 일에 대해 모두 문제가 없다면, 제가 합의서를 작성하려고 하는데, 서명하실 수 있겠습니까?"라고 말한다. 다른 사람들에게 이 방안에 서명하고 동의하도록 할 때는 반드시 평가하는 단계를 마련해두어야 한다. 서명을 하고서 3개월 후에 한차례 평가를 하고 요구 사항이 충족되었는지 살펴봄으로써 그들이 서명한 내용이 효력이 있다는 것을 보여주어야 한다. 만약 이러한 서명을 보증할 만한 문을 열어놓지 않는다면, 아무도 선뜻 서명하려고 하지 않을 것이다. 그가 서명하고 난 후에 후회하게 되면 어떻게 할 것인가? 상사인 당신은 후회할 공간을 만들고 그가 서명하게 해야 한다.

상대방에게 서명을 받을 때, 상대방이 무엇을 염려하고 있는지 살펴보아야 한다. 만약 어떤 사람이 매우 걱정스러운 표정을 하고 있다면, 당신은 이렇게 말할 것이다. "걱정하지 마세요. 이 일은 쉽게 해결될 것입니다. 별것 아닙니다." 하지만 책임자가 된 사람은 모든 것을 안다고 가정해서는 안 된다. 어떤 사람들은 이 일 때문에 걱정하는 것이 아니라 단지 아이를 데리러 가야 하는데 늦을까 봐 초조한 것일 수도 있고, 방금 급하게 오느라 차를 아무데나 세워놓고 와서 불법 주차 스티커를 받지는 않을까 걱정하는 것일 수도 있다. 아무튼 사람들이 걱정하는 이유는 여러 가지이므로, 무턱대고 위로해서는 안 된다. 그들이 무엇을 걱정하는지 확실하게 물어보고 문제가 없다면 모두 서명하게 해야 한다. 이렇게 해야지만 문제를 완벽하게 해결할 수 있다.

회사 내부의 충돌을 해결할 때에는 당사자들을 한자리에 불러서 그들이 모종의 협력관계를 맺도록 해야 한다. 그들을 떼어놓는 것을 해결 방안으로 삼으면 안 된다. 가장 최악의 선택은 그들을 전임시켜 강제로 떨어뜨려놓는 것이다. 그렇게 했을 경우 충돌은 여전히 해결이 안 된 상태이므로 언제 다시 문제가 불거질지 모른다. 그러나 그들이 협력관계를 맺도록 하여 상호 간의 믿음을 쌓게 한다면 문제를 해결하는 데 도움이 될 것이다.

회사생활이 편안해지는

의사소통의 기술

초판 1쇄 인쇄   2008년 11월 20일
초판 1쇄 발행   2008년 11월 25일

지은이 리우뻬롱
옮긴이 박종연
펴낸이 박종홍
펴낸곳 이코북
기획편집 박윤희

주소 서울시 마포구 동교동 153-18 2층
전화 02)335-6936
팩스 02)335-0550
E-메일 ecobook@paran.com

ISBN 978-89-90856-30-2 (03320)

값 13,000원